HAL LEONARD MÉTHODE DE GUITARE

Supplément pour toute méthode de guitare

RÉPERTOIRE DE GAMMES INSTANTANÉ

Guide facile à utiliser contenant plus de 1 300 gammes de guitare

T0080309

TABLE DES MATIÈRES

Adam St. James

ISBN 978-1-4584-1812-8

HAL•LEONARD®
CORPORATION
7777 W. BLUEMOUND RD. P.O. BOX 13819 MILWAUKEE, WI 53213

Visitez Hal Leonard en ligne sur
www.halleonard.com

INTRODUCTION

Ce guide a été conçu dans un but précis : aider les guitaristes à comprendre et utiliser l'ensemble des tonalités distinctes dont ils disposent au bout des doigts par la connaissance pratique des gammes et modes les plus courants et utiles. Vous utiliserez ce *Répertoire de gammes instantané* à la fois en tant que guide d'étude approfondie et en tant qu'aide-mémoire pour les années à venir.

Pourquoi les gammes sont-elles si importantes ?

Les gammes sont la clé pour comprendre quasiment tous les éléments de la musique. Même armés des notions les plus élémentaires sur la construction des gammes, les guitaristes, tous les musiciens d'ailleurs, sont mieux aptes à comprendre : 1) comment les mélodies et les chansons sont construites, 2) comment les accords sont formés et 3) comment se lancer avec des solos et morceaux instrumentaux plus stimulants et satisfaisants.

Et pourtant, certains musiciens considèrent les gammes trop contraignantes en estimant que celles-ci imposent par nature un ensemble de règles qui vont à l'encontre de l'expression artistique. Or, cela est loin d'être vrai. Savoir c'est pouvoir et ce que vous apprendrez dans ce guide vous conférera pouvoir musical et liberté de création.

Se repérer dans le Répertoire de gammes instantané

Ce guide contient essentiellement des diagrammes de manche de guitare illustrant les motifs de gammes précis obtenus à partir des 12 notes fondamentales : Do (C), Do (C)♯/Ré (D)♭, Ré (D), Ré (D)♯/Mi (E)♭, Fa (F), Fa (F)♯/Sol (G)♭, Sol (G), Sol (G)♯/La (A)♭, La (A), La (A)♯/Si (B)♭ et Si (B). Pour chaque note fondamentale, nous montrons les doigtés exacts permettant de jouer les modes et les formes de gammes les plus importants, d'un bout à l'autre du manche. Une fois que vous aurez acquis ces connaissances, vous ne serez plus confiné à une seule position sur la touche, mais vous verrez exactement comment déplacer les doigts de haut en bas du manche dans n'importe clé et créer ainsi, à l'aide d'une palette complète de gammes et de modes colorés, des sonorités qui reflètent vos caprices et humeurs musicaux.

Dix-sept formes de gammes différentes sont illustrées dans ce guide. Afin de faciliter l'apprentissage et pour d'autres raisons expliquées dans les pages suivantes, ces gammes sont présentées dans l'ordre suivant :

1) Gamme majeure (mode ionien)
2) Pentatonique majeure
3) Gamme mineure naturelle (mode éolien)
4) Pentatonique mineure
5) Gamme de blues
6) Gamme mixoblues
7) Mode mixolydien
8) Mode dorien
9) Gamme mineure mélodique
10) Gamme mineure harmonique
11) Mode phrygien
12) Mode locrien
13) Mode lydien
14) Gamme diminuée (demi-ton/ton)
15) Gamme diminuée (ton/demi-ton)
16) Gamme chromatique
17) Gamme tonale

LES 17 GAMMES ET MODES

Il vous sera plus facile d'apprendre les gammes et les modes si vous comprenez leurs principes de construction fondamentaux. Comme vous le savez peut-être, une *gamme* est simplement une succession de notes dans un ordre donné à intervalles fixes. (Un *mode* est essentiellement la même chose.) Chaque type de gamme est différent. Pour construire des gammes ou les comparer entre elles, deux méthodes sont généralement employées :

1) Tons et demi-tons. Sur une guitare, un *demi-ton* est la distance qui sépare deux frettes consécutives et un *ton* est la distance qui sépare trois frettes consécutives. Chaque type de gamme peut être défini comme une suite de tons et de demi-tons allant d'une note fondamentale à son octave. Les gammes majeures, par exemple, suivent toujours cette formule : 1 ton-1 ton-1/2 ton-1 ton-1 ton-1 ton-1/2 ton.

2) Formule numérique. Chaque note, ou degré, d'une gamme peut aussi être dotée d'un numéro particulier qui désigne sa distance, ou son *intervalle*, par rapport à la note fondamentale. Les gammes majeures, par exemple, comportent sept notes (sans compter l'octave) : 1–2–3–4–5–6–7.

1	2	3	4	5	6	7
Do (C)	Ré (D)	Mi (E)	Fa (F)	Sol (G)	La (A)	Si (B)

D'autres gammes sont écrites de manière similaire. La gamme pentatonique majeure, par exemple, comporte cinq notes et exclut les degrés IV et VII : 1–2–3–5–6. La gamme mineure naturelle compte sept notes, mais ses degrés III, VI et VII sont chacun abaissés d'un demi-ton : 1–2–♭3–4–5–♭6–♭7, et ainsi de suite.

Avant de commencer à apprendre les motifs de touche, faisons un tour d'horizon des gammes et des modes que vous trouverez dans ce guide.

Gamme majeure (mode ionien)
(1–2–3–4–5–6–7)

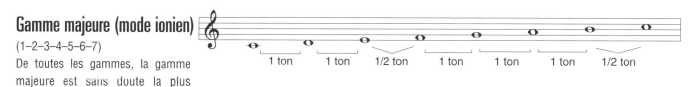

De toutes les gammes, la gamme majeure est sans doute la plus importante à connaître et à comprendre. Cela fait plusieurs siècles que la musique occidentale repose principalement sur cette gamme et ses modes, construits simplement en modifiant l'ordre et la priorité de la formule demi-ton/ton. Cette gamme de sept notes est aussi parfois appelée mode ionien.

Pentatonique majeure
(1–2–3–5–6)

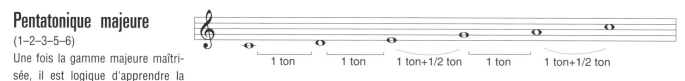

Une fois la gamme majeure maîtrisée, il est logique d'apprendre la gamme pentatonique de cinq notes, toutes identiques à celles de la gamme majeure, la différence étant l'exclusion des degrés IV et VII. Il s'agit également d'une gamme très importante et très utilisée. Veillez à apprendre les cinq positions, car celles-ci favorisent des plans originaux très sympas.

Gamme mineure naturelle (Mode éolien)

(1–2–♭3–4–5–♭6–♭7)

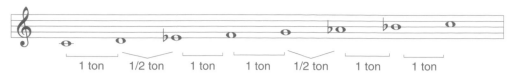

La gamme mineure naturelle est sans doute la deuxième gamme (ou mode) la plus importante dans le canon de la musique occidentale au cours de la deuxième moitié de ce millénaire. Bon nombre de guitaristes se servent de la gamme mineure naturelle de sept notes comme d'un tremplin pour exécuter la plupart des morceaux, en partie pour la facilité du doigté de son motif en position fondamentale et aussi pour la qualité sonore de l'intervalle entre la note fondamentale de la gamme et sa tierce mineure par rapport à la plupart des progressions d'accords rock ou blues.

Pentatonique mineure

(1–♭3–4–5–♭7)

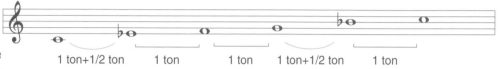

Pour les guitaristes, la pentatonique mineure de cinq notes pourrait bien être la gamme de toutes les gammes. C'est souvent par là que l'apprentissage des gammes commence et finit. Bien entendu, cette approche limite considérablement vos possibilités musicales. Cette gamme n'en demeure pas moins très importante et doit être apprise dans les cinq positions.

Gamme de blues

(1–♭3–4–♭5–5–♭7)

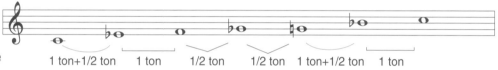

La gamme de blues est une légère variation de la pentatonique mineure. Cette gamme de six notes contient toutes les notes de la pentatonique mineure, plus l'intervalle de quinte diminuée. C'est aussi une gamme très importante qui a permis de composer beaucoup de grandes chansons même si, exactement à l'instar de la pentatonique mineure, de nombreux guitaristes utilisent la gamme de blues jusqu'au point d'épuisement musical. Toutefois, par rang d'importance, la gamme de blues vient probablement après les gammes majeures et mineures et les pentatoniques correspondantes.

Gamme mixoblues

(1–2–♭3–3–4–♭5–5–6–♭7)

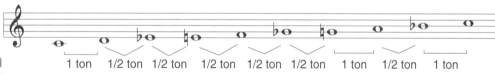

La gamme mixoblues est un outil très important, voire quasi-exclusif pour un grand nombre de guitaristes légendaires. Il s'agit d'une gamme hybride où se conjuguent la gamme de blues et le mode mixolydien. Cette gamme mixte de neuf notes fonctionne extrêmement bien pour la plupart des morceaux de blues et pour de nombreuses chansons de rock. L'intérêt principal de cette gamme réside dans l'inclusion à la fois d'une tierce mineure et majeure ainsi que d'une septième mineure. Si la gamme mixoblues peut sembler compliquée au premier abord, elle est assez facile à mémoriser en pensant à une gamme majeure constituée d'une septième mineure (au lieu d'une septième majeure) et d'une tierce mineure et d'une quinte diminuée.

Mode mixolydien

(1–2–3–4–5–6–♭7)

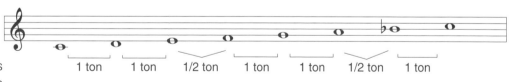

Le mode mixolydien est l'un des modes principaux et équivaut à la gamme majeure, sauf que la septième majeure est en bémol pour former une septième mineure. Ce motif de sept notes est une gamme formidable à utiliser par rapport aux progressions d'accords de style blues en 12 mesures, bien que celui-ci cède souvent la place à la gamme mixoblues, au fur et à mesure que le joueur acquiert de plus en plus d'aisance avec cette gamme hybride.

Mode dorien
(1–2–♭3–4–5–6–♭7)

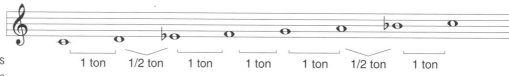

Le mode dorien est l'un des plus utilisés. Très proche de la gamme mineure naturelle (mode éolien), cette gamme mineure de sept notes contient une sixte majeure au lieu d'une sixte mineure. Essayez-là dans les cas où vous joueriez autrement la gamme mineure naturelle et soyez particulièrement attentif à l'impact des variations d'intervalles de sixte sur votre musique.

Gamme mineure mélodique
(1–2–♭3–4–5–6–7)

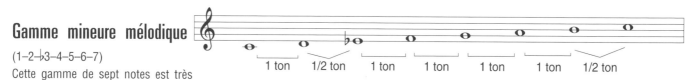

Cette gamme de sept notes est très inhabituelle en ce sens où elle peut être jouée différemment en mode ascendant et en mode descendant. En mode ascendant, la mineure mélodique est identique à une gamme majeure, à l'exception du degré III en bémol qui en fait bien entendu une gamme mineure. En mode descendant, les degrés VII et VI sont habituellement abaissés et la gamme équivaut alors à une mineure naturelle (reportez-vous au motifs de gamme mineure naturelle pour obtenir cette forme descendante de la gamme mineure mélodique). Cette différence s'explique par le fait que les degrés VI et VII rehaussés ont tendance à tirer vers la résolution à l'octave en mode ascendant. En mode descendant, en revanche, l'altération des degrés VI et VII par un bémol crée une traction descendante vers le degré V, une autre note à forte résolution. En pratique, la forme ascendante de la mineure mélodique est souvent utilisée exclusivement pour les improvisations, surtout en jazz.

Gamme mineure harmonique
(1–2–♭3–4–5–♭6–7)

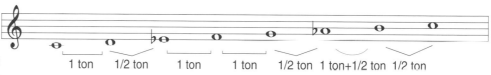

La gamme mineure harmonique serait une simple gamme mineure si ce n'est pour la septième majeure qui remplace la septième bécarre et lui confère une sonorité très exotique. Le saut de la sixte mineure à la septième majeure, un intervalle d'un ton et demi, évoque immédiatement des images de l'Égypte ancienne. Même s'il ne s'agit pas véritablement d'une gamme étrangère, d'ailleurs ce guide ne s'attache pas à explorer l'éventail large et fascinant des gammes en usage dans la musique non-occidentale, la mineure harmonique de sept notes a de quoi accrocher l'oreille.

Mode phrygien
(1–♭2–♭3–4–5–♭6–♭7)

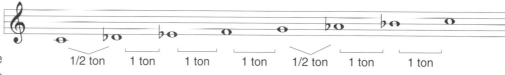

Le mode phrygien est une autre variation de gamme mineure avec une touche exotique. Comme le mode dorien, le mode phrygien de sept notes est très proche de la gamme mineure naturelle, à une différence près : le mode phrygien comporte une seconde mineure très originale dans sa sonorité. On retrouve fréquemment ce mode dans la musique flamenco et il convient particulièrement aux morceaux dans lesquels les accords se résolvent de manière répétée vers l'accord I (un ou tonique) à partir d'un demi-ton au-dessus (par exemple, Fa [F] vers Mim (Em), Mim étant l'accord i).

Mode locrien
(1–♭2–♭3–4–♭5–♭6–♭7)

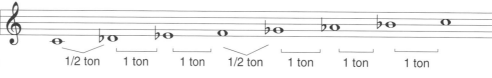

Étant donné que la triade formée à partir de la note fondamentale en mode locrien est diminuée (l'accord I en mode locrien est constitué des degrés de gamme I, ♭III et ♭V), ce mode n'est ni majeur ni mineur. Parfois appelé mode « demi-diminué », le mode locrien de sept notes est rarement utilisé en dehors du jazz fusion ou du heavy metal. Essayez d'utiliser le mode locrien sur une progression d'accord en clé de Mi (E) avec un accord Fa (F) et Si (B)♭.

Mode lydien
(1–2–3–♯4–5–6–7)

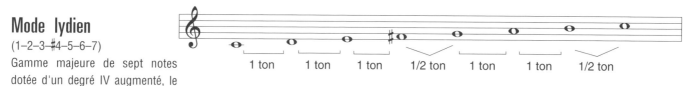

Gamme majeure de sept notes dotée d'un degré IV augmenté, le mode lydien est couramment employé en jazz et était un favori de nombreux compositeurs impressionnistes du XIXème siècle, en particulier Claude Debussy. Le degré IV rehaussé est la seule différence entre le mode lydien et la gamme majeure.

Gamme diminuée (demi-ton/ton)

(1–♭2–♭3–♭4–♭5–5–6–♭7)

Les gammes diminuées peuvent être sympas dans les solos. Ces gammes de huit notes contrastent

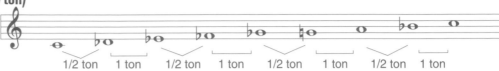

avec les gammes et les modes plus classiques qui constituent l'essentiel de notre jeu avec un effet saisissant, presque cinématique. La gamme diminuée demi-ton/ton fonctionne bien avec les accords V7, en particulier ceux qui comportent des quintes bémol et des neuvièmes rehaussées ou abaissées. Par ailleurs, les gammes diminuées (dans les deux cas) peuvent être interprétées enharmoniquement en tant que plusieurs gammes diminuées distinctes.

En fait, il n'existe vraiment que trois gammes diminuées demi-ton/ton distinctes. Si vous jouez cette gamme sur un accord de Do7 (C7), par exemple, les gammes diminuées en Do (C), Do (C)♯ et Ré (D) seraient différentes. Mais une fois à Mi (E)♭, vous utiliseriez exactement la même notation de gamme que celle utilisée en Do (C) ou un groupe de notes enharmoniquement équivalent. C'est ce qu'on désigne par le terme *symétrique*. Pour résumer :

Do (C) diminué = Mi (E)♭ diminué = Fa (F)♯ diminué = La (A) diminué

Do (C)♯ diminué = Mi (E) diminué = Sol (G) diminué = Si (B)♭ diminué

Ré (D) diminué = Fa (F) diminué = La (A)♭ diminué = Do (C)♭ diminué

Encore mieux, il n'y a que deux motifs diminués à apprendre. Ces deux schémas de doigté s'alternent successivement jusqu'en haut du manche. Les deux mêmes schémas fonctionnent pour les gammes diminuées demi-ton/ton et ton/demi-ton, simplement dans un ordre différent.

Gamme diminuée (ton/demi-ton)

(1–2–♭3–4–♭5–♯5–6–7)

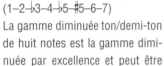

La gamme diminuée ton/demi-ton de huit notes est la gamme diminuée par excellence et peut être

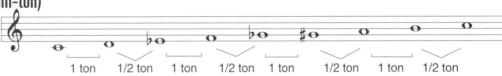

utilisée avec des accords diminués ou demi-diminués. Là encore, il n'existe vraiment que trois gammes diminuées ton/demi-ton distinctes : Do (C), Do (C)♯ et Ré (D). Toutes les autres sont enharmoniquement identiques à ces trois gammes.

Gamme chromatique

(1–♭2–2–♭3–3–4–♭5–5–♭6–6–♭7–7)

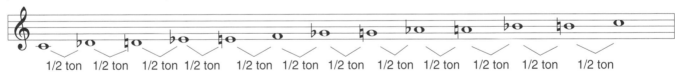

La gamme chromatique de douze notes est sans doute la plus facile à mémoriser de toutes les gammes. Elle est entièrement formée de demi-tons et utilise chaque note sur le manche de la guitare. Il n'existe donc en réalité qu'une seule gamme chromatique, qui peut commencer ou se terminer par n'importe quelle note. Les gammes chromatiques constituent également un excellent moyen de pratiquer vos gammes. Deux schémas chromatiques courants sont montrés dans ce guide, mais vous pouvez insérer des enchaînements de demi-tons chromatiques dans n'importe quelle autre gamme, n'importe où sur le manche, à n'importe quel moment, sans vous soucier de jouer correctement ou non les deux motifs illustrés ici.

Gamme tonale

(1–2–3–♯4–♯5–♯6)

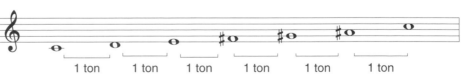

La gamme tonale de six notes est probablement la deuxième plus facile à mémoriser, puisqu'elle est entièrement constituée de tons entiers. Cette gamme a une sonorité très jazzy, même mystérieuse, et a été très utilisée par le compositeur du XIXème siècle Claude Debussy, puis par de nombreux musiciens de jazz durant l'âge d'or du be-bop. Autre exemple de gamme symétrique, il n'existe en réalité que deux gammes tonales : une commençant par Do (C) et l'autre par Do (C)♯. Une fois que vous arrivez à Ré (D), vous jouez en fait les mêmes notes que dans la gamme tonale de Do (C), mais en commençant par Ré (D).

IMPROVISATION ET SOLOS

Une fois que vous maîtriserez quelques-unes des gammes décrites dans ce guide dans différentes positions du manche, vous pourrez commencer à vous demander comment les mettre en pratique dans des chansons. Voici quelques conseils et astuces :

Clés majeures et mineures

Les clés sont un excellent moyen de vous lancer dans l'improvisation et les solos car elles vous permettent de choisir une gamme pour l'intégralité d'une chanson (ou progression) et de vous y tenir, au lieu de choisir une nouvelle gamme pour chaque accord. Si une chanson ou une progression est dans une clé majeure, utilisez la gamme majeure correspondante (par exemple, Do [C] majeur pour la clé de do) ou sa version pentatonique. En revanche, si une chanson est dans une clé mineure, utilisez la gamme mineure naturelle ou la pentatonique mineure. Pour décoder la clé d'une chanson, essayez d'intégrer ses accords dans le tableau ci-dessous. Tous les accords doivent tenir horizontalement dans l'une des rangées du tableau. Par exemple, si une chanson est en Do (C) majeur, elle utilisera une partie ou la totalité des accords figurant dans la première rangée, en mettant l'accent sur l'accord I (« un »), Do (C). Si une chanson est en La (A) mineur, elle utilisera de la même manière les accords de la première rangée en mettant l'accent sur l'accord vi (« six »), Lam (Am). (REMARQUE : Certaines chansons utilisent plus d'une clé, auquel cas vous devrez utiliser plus d'une gamme dans vos solos.)

clés majeures   clés mineures

I	ii	iii	IV	V	vi	vii⁰
Do (C)	Rém (Dm)	Mim (Em)	Fa (F)	Sol (G)	Lam (Am)	Si (B)⁰
Ré (D)♭	Mi (E)♭m	Fam (Fm)	Sol (G)♭	La (A)♭	Si (B)♭m	Do (C)⁰
Ré (D)	Mim (Em)	Fa (F)♯m	Sol (G)	La (A)	Sim (Bm)	Do (C)♯⁰
Mi (E)♭	Fam (Fm)	Solm (Gm)	La (A)♭	Si (B)♭	Dom (Cm)	Ré (D)⁰
MI (E)	Fa (F)♯m	Sol (G)♯m	La (A)	Si (B)	Do (C)♯m	Ré (D)♯⁰
Fa (F)	Solm (Gm)	Lam (Am)	Si (B)♭	Do (C)	Rém (Dm)	Mi (E)⁰
Fa (F)♯	Sol (G)♯m	La (A)♯m	Si (B)	Do (C)♯	Ré (D)♯m	Mi (E)♯⁰
Sol (G)	Lam (Am)	Sim (Bm)	Do (C)	Ré (D)	Mim (Em)	Fa (F)♯⁰
La (A)♭	Si (B)♭m	Dom (Cm)	Ré (D)♭	Mi (E)♭	Fam (Fm)	Sol (G)⁰
La (A)	Sim (Bm)	Do (C)♯m	Ré (D)	Mi (E)	Fa (F)♯m	Sol (G)♯⁰
Si (B)♭	Dom (Cm)	Rém (Dm)	Mi (E)♭	Fa (F)	Solm (Gm)	La (A)⁰
Si (B)	Do (C)♯m	Ré (D)♯m	Mi (E)	Fa (F)♯	Sol (G)♯m	La (A)♯⁰
Ionien	Dorien	Phrygien	Lydien	Mixolydien	Éolien	Locrien

Modes

Si les accords d'une chanson tiennent dans l'une des rangées ci-dessus, mais qu'un accord autre que l'accord I ou vi est accentué, la chanson est peut-être dans un *mode*. Dans ce cas, recherchez le mode correspondant à l'accord accentué parmi les modes figurant au bas du tableau. Par exemple, si une chanson utilise des accords issus de la rangée du haut, mais que Rém (Dm) est clairement l'accord principal ou « tonique » (p. ex., Rém-Sol-Lam-Rém [Dm–G–Am–Dm]), essayez un solo en mode dorien Ré (D).

L'approche accord par accord

Si une progression d'accords évolue lentement ou qu'une chanson s'attarde principalement sur un seul accord, optez éventuellement pour une approche accord par accord au solo. Vous déterminerez alors tout simplement la qualité de l'accord exécuté (majeur, mineur, etc.) et appliquerez la gamme ou le mode adapté à sa structure de base. Vous pouvez même essayer d'alterner entre différents types de gammes.

Type d'accord	Formule	Gamme	Mode
Majeur	1-3-5	Majeure, pentatonique majeure, blues	Ionien, lydien, mixolydien
Mineur	1-♭3-5	Mineure, pentatonique mineure, blues	Dorien, phrygien, éolien
Diminué	1-♭3-♭5	Diminuée	Locrien
Augmenté	1-3-♯5	Tonale	
7ème majeur	1-3-5-7	Majeure, pentatonique majeure	Ionien, lydien
7ème mineur	1-♭3-5-♭7	Mineure, pentatonique mineure	Dorien, phrygien, éolien
7ème dominant	1-3-5-♭7	Blues, mixoblues	Mixolydien

Gardez toujours à l'esprit que les gammes et les modes ne sont généralement pas exécutés d'une fondamentale à l'autre ; ils apparaissent seulement ainsi à titre de démonstration. Les notes d'une gamme peuvent être jouées dans *n'importe quel* ordre et vous n'avez pas besoin de toutes les utiliser pour composer et jouer des morceaux. Expérimentez et amusez-vous !

DO (C) MAJEURE (IONIEN)

MANCHE INTÉGRAL	MOTIF UN	MOTIF DEUX	MOTIF TROIS

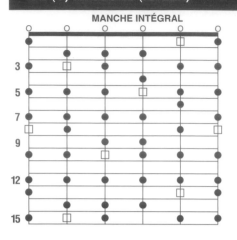 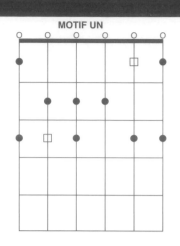 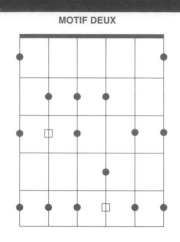 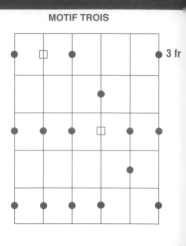

DO (C) PENTATONIQUE MAJEURE

MANCHE INTÉGRAL	MOTIF UN	MOTIF DEUX	MOTIF TROIS

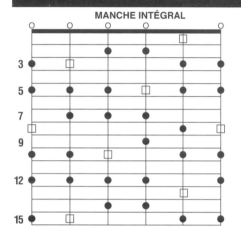 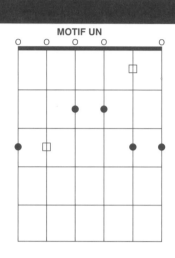 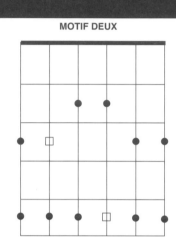 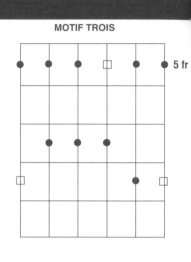

DO (C) MINEURE NATURELLE (ÉOLIEN)

MANCHE INTÉGRAL	MOTIF UN	MOTIF DEUX	MOTIF TROIS

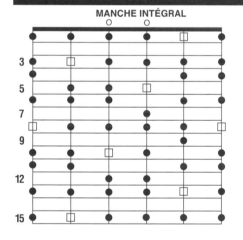 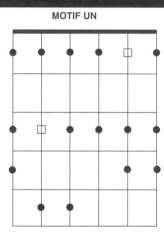 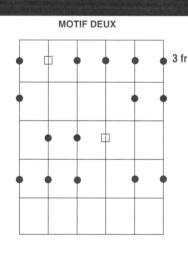 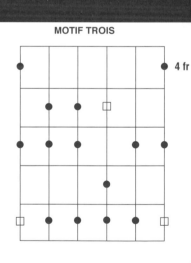

DO (C) PENTATONIQUE MINEURE

MANCHE INTÉGRAL	MOTIF UN	MOTIF DEUX	MOTIF TROIS

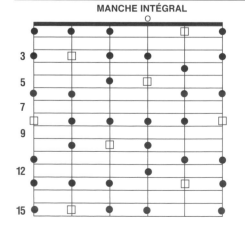 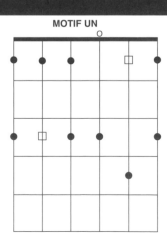 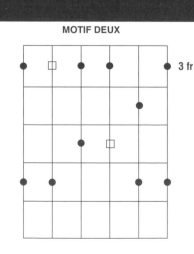 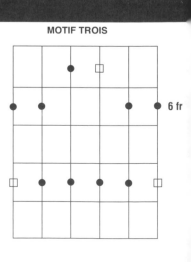

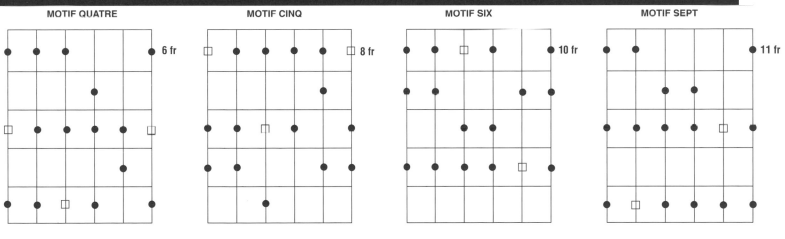

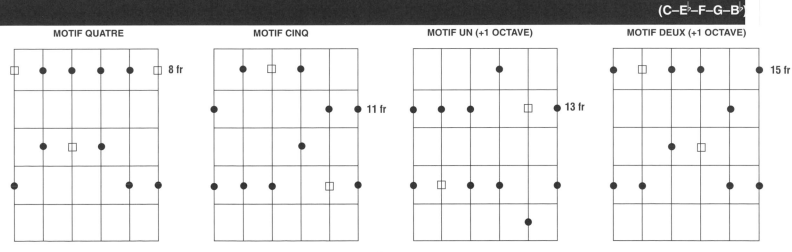

DO (C) BLUES

MANCHE INTÉGRAL	MOTIF UN	MOTIF DEUX	MOTIF TROIS

DO (C) MIXOBLUES

MANCHE INTÉGRAL	MOTIF UN	MOTIF DEUX	MOTIF TROIS

DO (C) MIXOLYDIEN

MANCHE INTÉGRAL	MOTIF UN	MOTIF DEUX	MOTIF TROIS

DO (C) DORIEN

MANCHE INTÉGRAL	MOTIF UN	MOTIF DEUX	MOTIF TROIS

10

(C–E♭–F–G♭–G–B♭)

MOTIF QUATRE	MOTIF CINQ	MOTIF SIX	MOTIF UN (+1 OCTAVE)

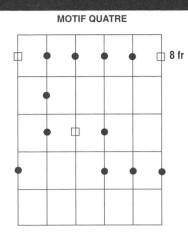 8 fr
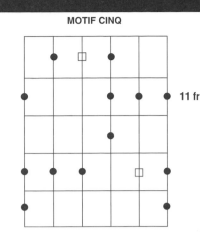 11 fr
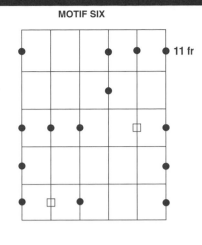 11 fr
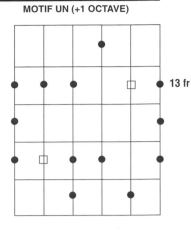 13 fr

(C–D–E♭–E–F–G♭–G–A–B♭)

MOTIF QUATRE	MOTIF CINQ	MOTIF SIX	MOTIF SEPT

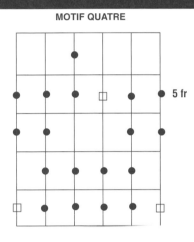 5 fr
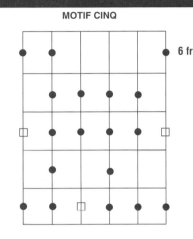 6 fr
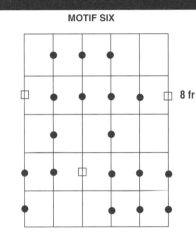 8 fr
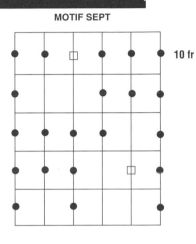 10 fr

(C–D–E–F–G–A–B♭)

MOTIF QUATRE	MOTIF CINQ	MOTIF SIX	MOTIF SEPT

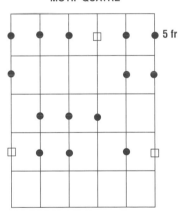 5 fr
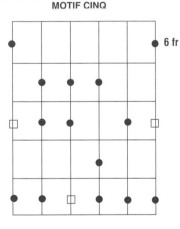 6 fr
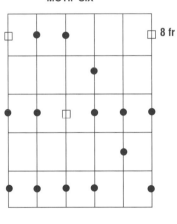 8 fr
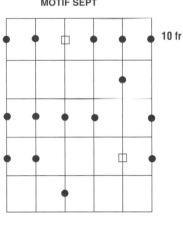 10 fr

(C–D–E♭–F–G–A–B♭)

MOTIF QUATRE	MOTIF CINQ	MOTIF SIX	MOTIF SEPT

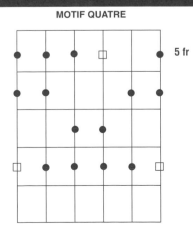 5 fr
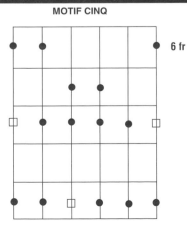 6 fr
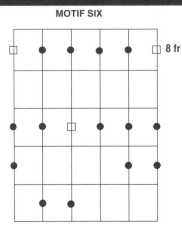 8 fr
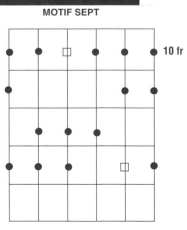 10 fr

DO (C) MINEURE MÉLODIQUE

MANCHE INTÉGRAL	MOTIF UN	MOTIF DEUX	MOTIF TROIS

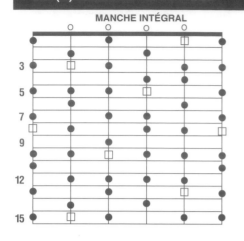 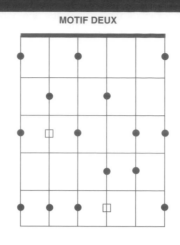 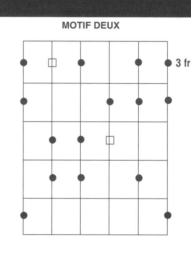 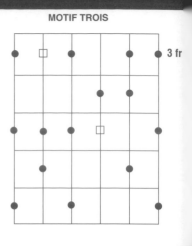

DO (C) MINEURE HARMONIQUE

MANCHE INTÉGRAL	MOTIF UN	MOTIF DEUX	MOTIF TROIS

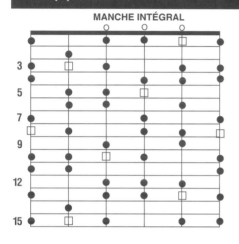 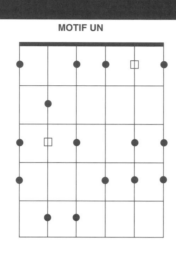 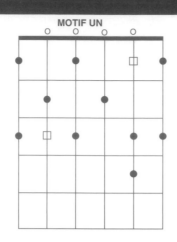 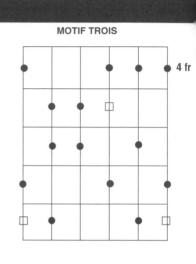

DO (C) PHRYGIEN

MANCHE INTÉGRAL	MOTIF UN	MOTIF DEUX	MOTIF TROIS

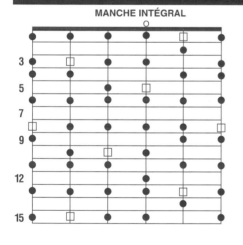 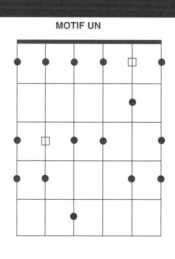 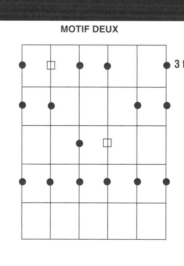 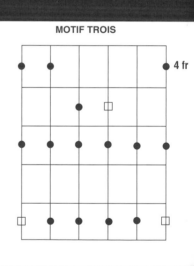

DO (C) LOCRIEN

MANCHE INTÉGRAL	MOTIF UN	MOTIF DEUX	MOTIF TROIS

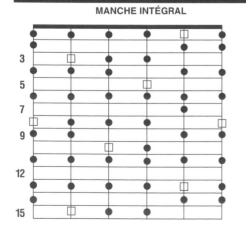 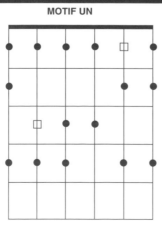 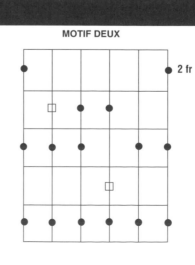 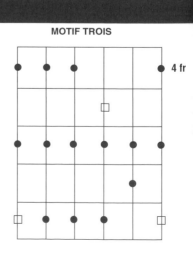

(C–D–E♭–F–G–A–B)

MOTIF QUATRE	MOTIF CINQ	MOTIF SIX	MOTIF SEPT

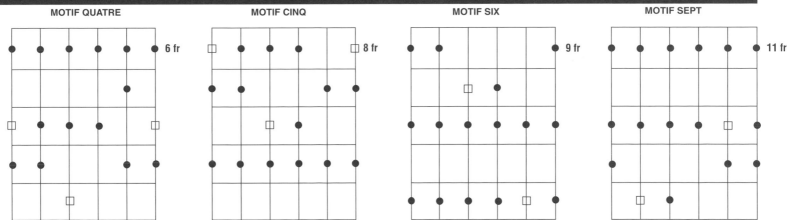

(C–D–E♭–F–G–A♭–B)

MOTIF QUATRE	MOTIF CINQ	MOTIF SIX	MOTIF SEPT

(C–D♭–E♭–F–G–A♭–B♭)

MOTIF QUATRE	MOTIF CINQ	MOTIF SIX	MOTIF SEPT

(C–D♭–E♭–F–G♭–A♭–B♭)

MOTIF QUATRE	MOTIF CINQ	MOTIF SIX	MOTIF SEPT

DO (C) LYDIEN

| MANCHE INTÉGRAL | MOTIF UN | MOTIF DEUX | MOTIF TROIS |

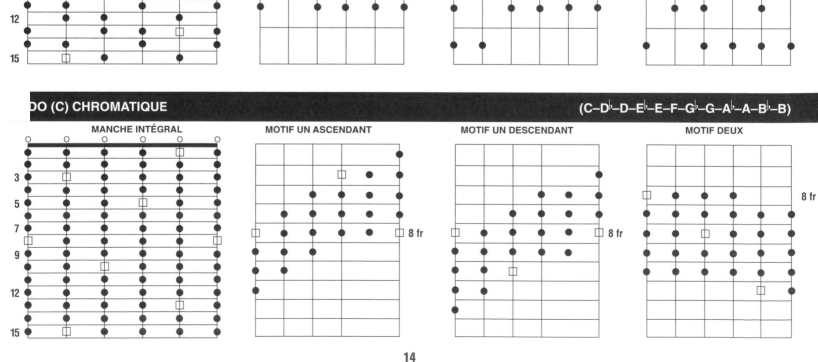

DO (C) DIMINUÉE (DEMI-TON/TON)

| MANCHE INTÉGRAL | MOTIF UN | MOTIF DEUX | MOTIF TROIS |

DO (C) DIMINUÉE (TON/DEMI-TON)

| MANCHE INTÉGRAL | MOTIF UN | MOTIF DEUX | MOTIF TROIS |

DO (C) CHROMATIQUE   (C–D♭–D–E♭–E–F–G♭–G–A♭–A–B♭–B)

| MANCHE INTÉGRAL | MOTIF UN ASCENDANT | MOTIF UN DESCENDANT | MOTIF DEUX |

14

(C–D–E–F#–G–A–B)

MOTIF QUATRE	MOTIF CINQ	MOTIF SIX	MOTIF SEPT

(C–D♭–E♭–F♭–G♭–G–A–B♭)

MOTIF QUATRE	MOTIF CINQ	MOTIF SIX	MOTIF SEPT

(C–D–E♭–F–G♭–G#–A–B)

MOTIF QUATRE	MOTIF CINQ	MOTIF SIX	MOTIF SEPT

DO (C) TONALE

(C–D–E–F#–G#–A#)

MANCHE INTÉGRAL	MOTIF UN	MOTIF DEUX	MOTIF TROIS

DO (C)# MAJEURE (IONIEN)

MANCHE INTÉGRAL	MOTIF UN	MOTIF DEUX	MOTIF TROIS

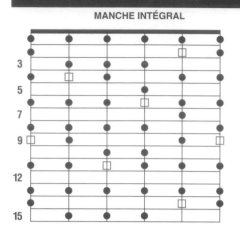
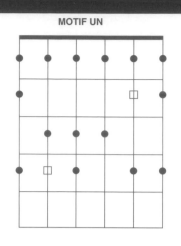
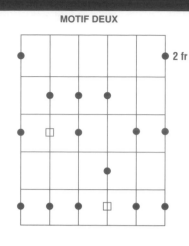
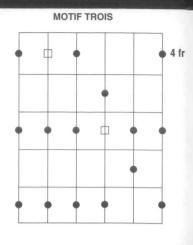

DO (C)# PENTATONIQUE MAJEURE

MANCHE INTÉGRAL	MOTIF UN	MOTIF DEUX	MOTIF TROIS

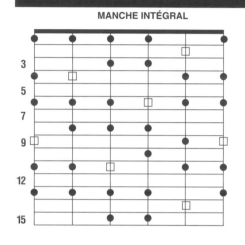
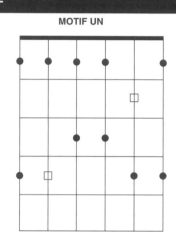
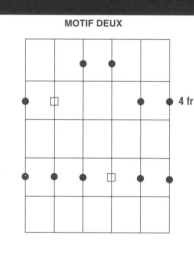
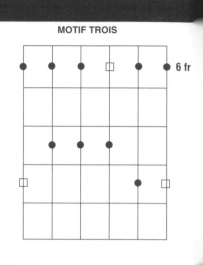

DO (C)# MINEURE NATURELLE (ÉOLIEN)

MANCHE INTÉGRAL	MOTIF UN	MOTIF DEUX	MOTIF TROIS

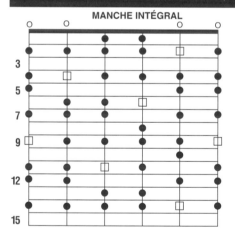
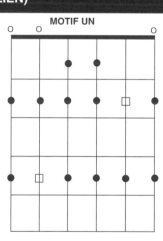
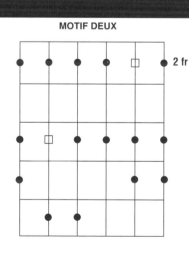
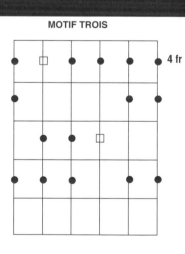

DO (C)# PENTATONIQUE MINEURE

MANCHE INTÉGRAL	MOTIF UN	MOTIF DEUX	MOTIF TROIS

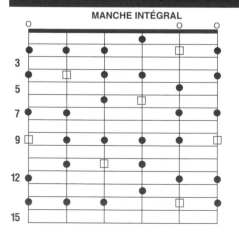
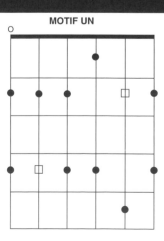
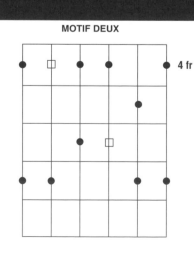
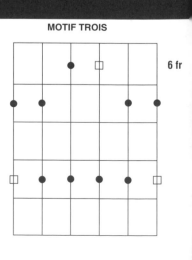

(C♯–D♯–E♯–F♯–G♯–A♯–B♯)

MOTIF QUATRE
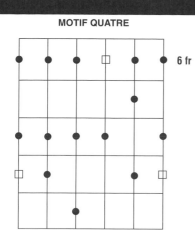
6 fr

MOTIF CINQ
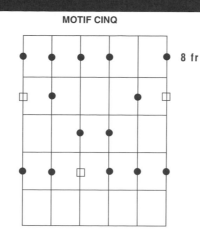
8 fr

MOTIF SIX
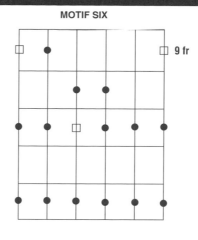
9 fr

MOTIF SEPT
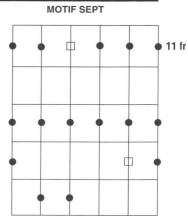
11 fr

(C♯–D♯–E♯–G♯–A♯)

MOTIF QUATRE
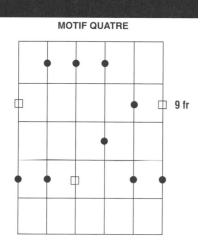
9 fr

MOTIF CINQ
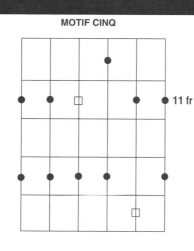
11 fr

MOTIF UN (+1 OCTAVE)
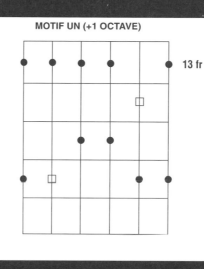
13 fr

MOTIF DEUX (+1 OCTAVE)
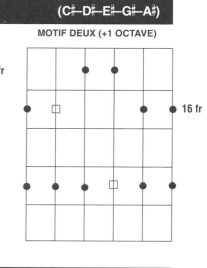
16 fr

(C♯–D♯–E–F♯–G♯–A–B)

MOTIF QUATRE
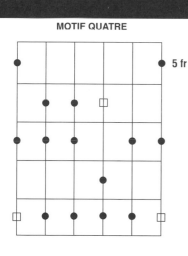
5 fr

MOTIF CINQ
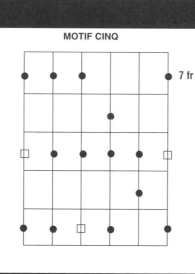
7 fr

MOTIF SIX
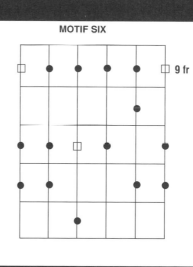
9 fr

MOTIF SEPT
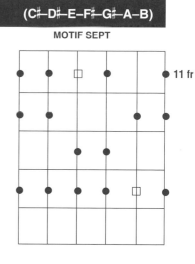
11 fr

(C♯–E–F♯–G♯–B)

MOTIF QUATRE
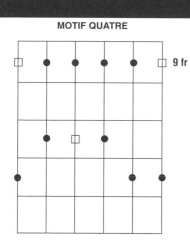
9 fr

MOTIF CINQ
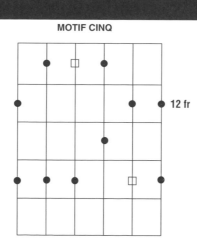
12 fr

MOTIF UN (+1 OCTAVE)
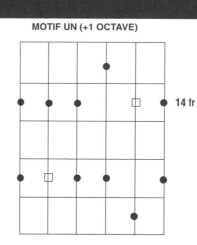
14 fr

MOTIF DEUX (+1 OCTAVE)
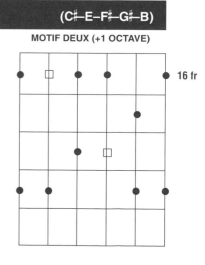
16 fr

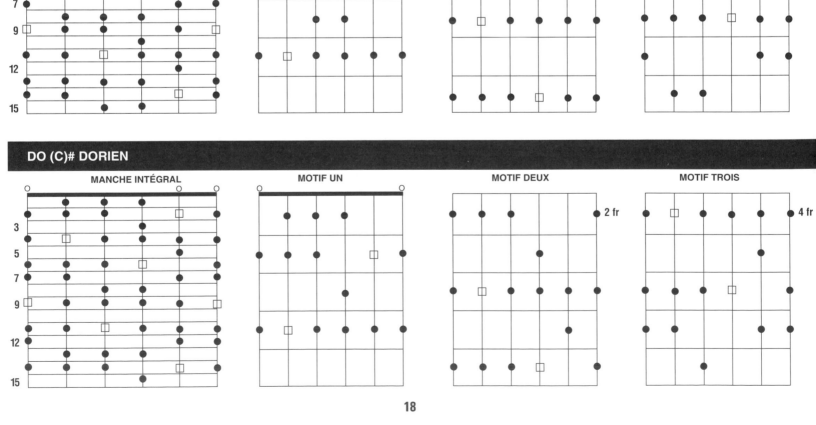

(C#–E–F#–G–G#–B)

MOTIF QUATRE MOTIF CINQ MOTIF SIX MOTIF UN (+1 OCTAVE)

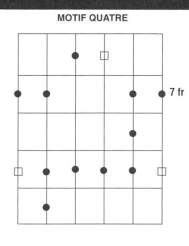
7 fr

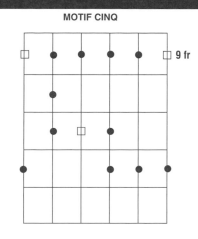
9 fr

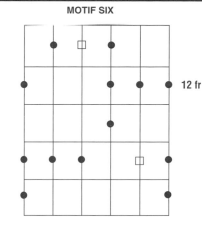
12 fr

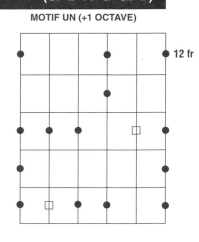
12 fr

(C#–D#–E–E#–F#–G–G#–A#–B)

MOTIF QUATRE MOTIF CINQ MOTIF SIX MOTIF SEPT

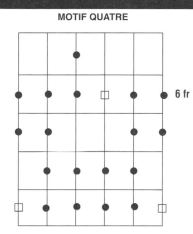
6 fr

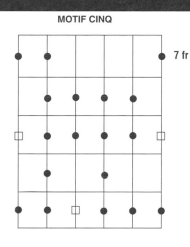
7 fr

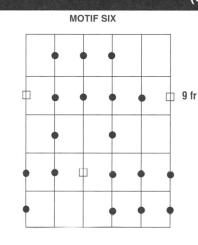
9 fr

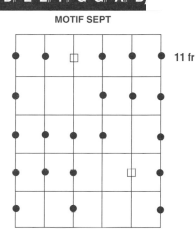
11 fr

(C#–D#–E#–F#–G#–A#–B)

MOTIF QUATRE MOTIF CINQ MOTIF SIX MOTIF SEPT

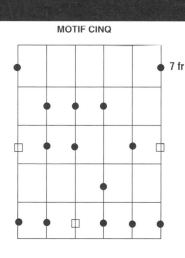
6 fr

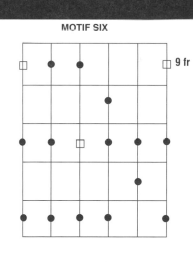
7 fr

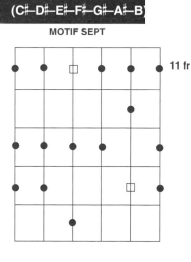
9 fr

11 fr

(C#–D#–E–F#–G#–A#–B)

MOTIF QUATRE MOTIF CINQ MOTIF SIX MOTIF SEPT

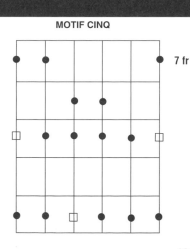
6 fr

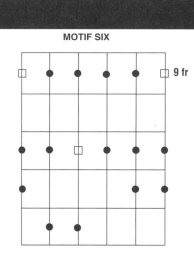
7 fr

9 fr

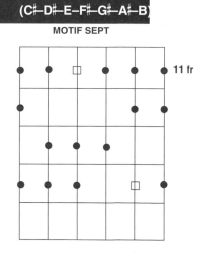
11 fr

DO (C)# MINEURE MÉLODIQUE

MANCHE INTÉGRAL	MOTIF UN	MOTIF DEUX	MOTIF TROIS

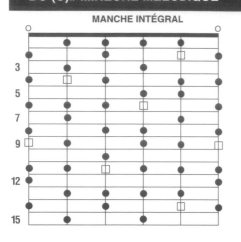 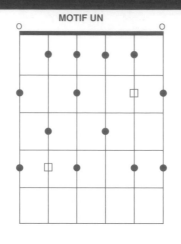 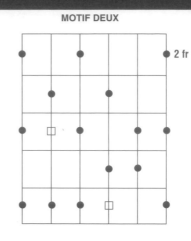 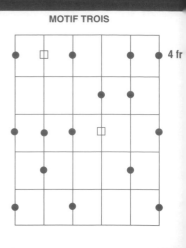

DO (C)# MINEURE HARMONIQUE

MANCHE INTÉGRAL	MOTIF UN	MOTIF DEUX	MOTIF TROIS

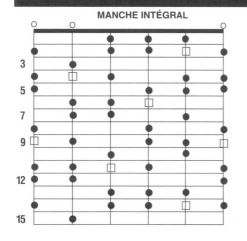 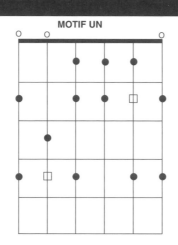 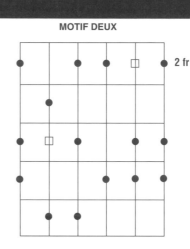 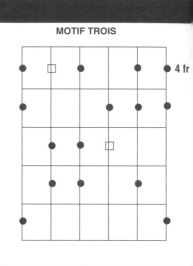

DO (C)# PHRYGIEN

MANCHE INTÉGRAL	MOTIF UN	MOTIF DEUX	MOTIF TROIS

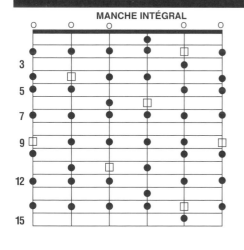 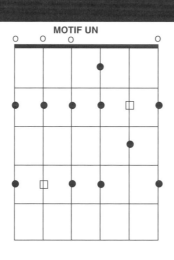 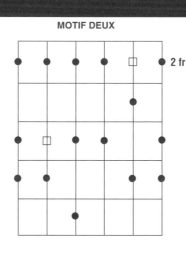 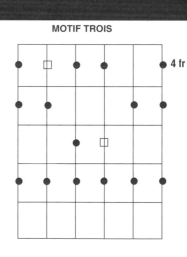

DO (C)# LOCRIEN

MANCHE INTÉGRAL	MOTIF UN	MOTIF DEUX	MOTIF TROIS

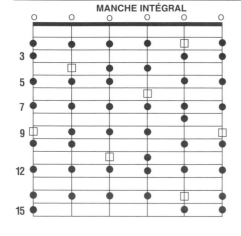 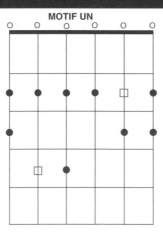 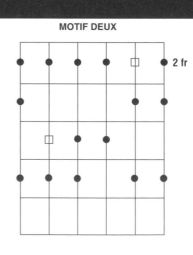 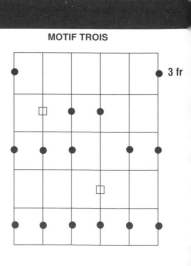

(C♯–D♯–E–F♯–G♯–A♯–B♯)

MOTIF QUATRE	MOTIF CINQ	MOTIF SIX	MOTIF SEPT

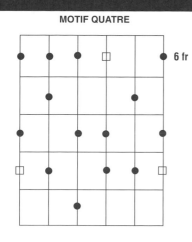 6 fr
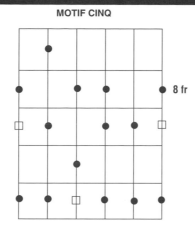 8 fr
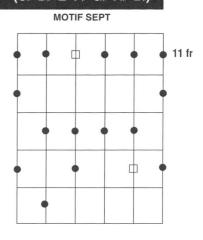 9 fr
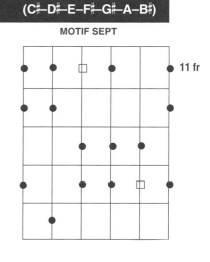 11 fr

(C♯–D♯–E–F♯–G♯–A–B♯)

MOTIF QUATRE	MOTIF CINQ	MOTIF SIX	MOTIF SEPT

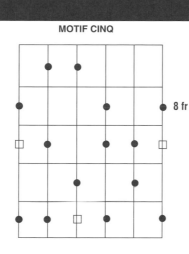 5 fr
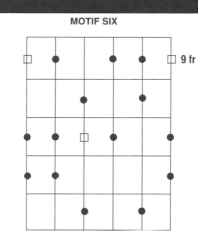 8 fr
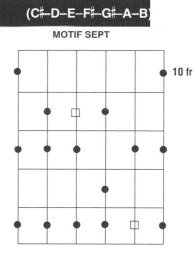 9 fr
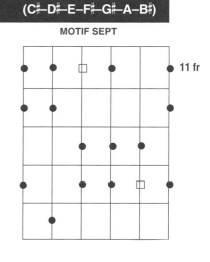 11 fr

(C♯–D–E–F♯–G♯–A–B)

MOTIF QUATRE	MOTIF CINQ	MOTIF SIX	MOTIF SEPT

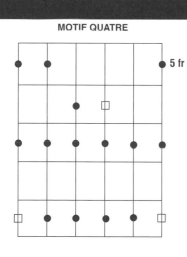 5 fr
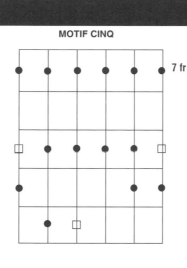 7 fr
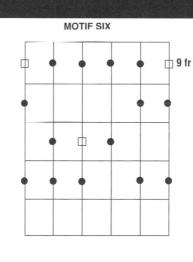 9 fr
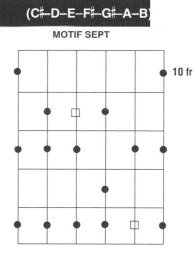 10 fr

(C♯–D–E–F♯–G–A–B)

MOTIF QUATRE	MOTIF CINQ	MOTIF SIX	MOTIF SEPT

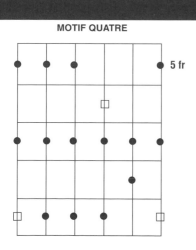 5 fr
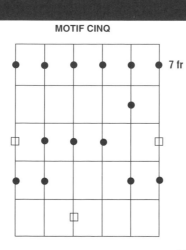 7 fr
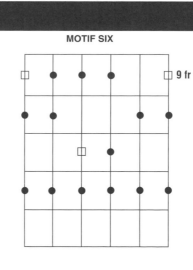 9 fr
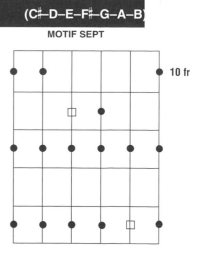 10 fr

RÉ (D)♭ LYDIEN

MANCHE INTÉGRAL	MOTIF UN	MOTIF DEUX	MOTIF TROIS

Do (C)# DIMINUÉE (DEMI-TON/TON)

MANCHE INTÉGRAL	MOTIF UN	MOTIF DEUX	MOTIF TROIS

Do (C)# DIMINUÉE (TON/DEMI-TON)

MANCHE INTÉGRAL	MOTIF UN	MOTIF DEUX	MOTIF TROIS

Do (C)# CHROMATIQUE   (C#–D–D#–E–E#–F#–G–G#–A–A#–B–B#)

MANCHE INTÉGRAL	MOTIF UN ASCENDANT	MOTIF UN DESCENDANT	MOTIF DEUX

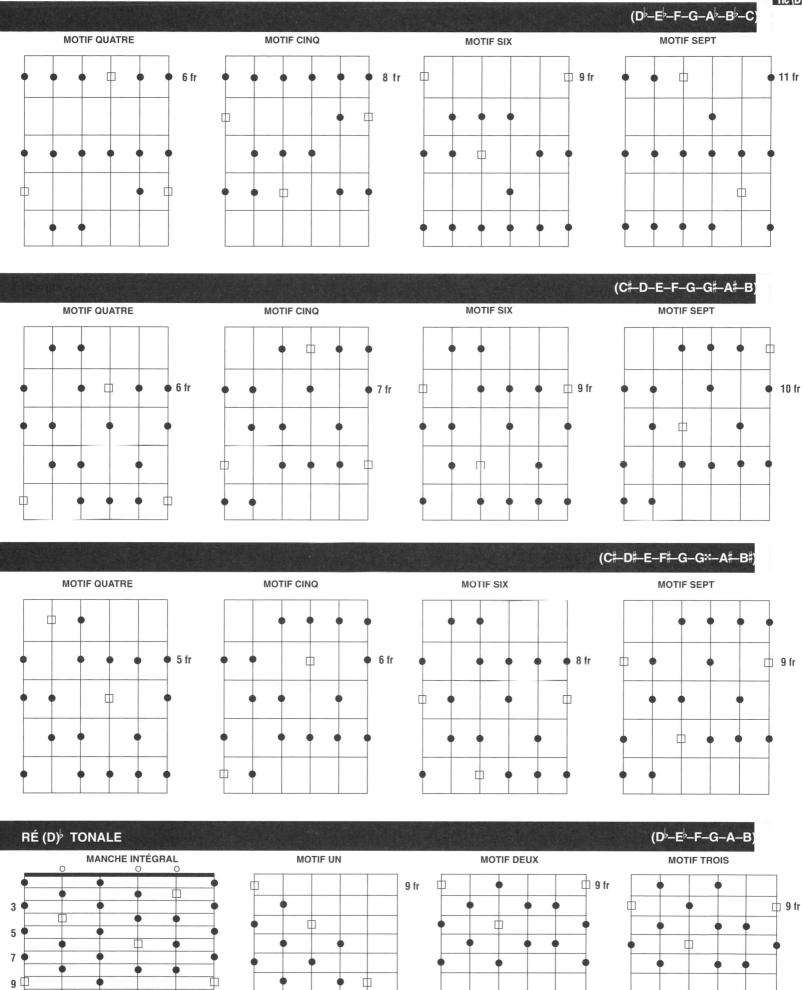

RÉ (D) MAJEUR (IONIEN)

MANCHE INTÉGRAL	MOTIF UN	MOTIF DEUX	MOTIF TROIS

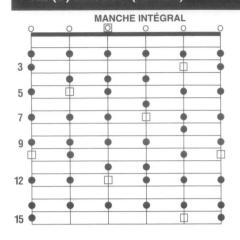 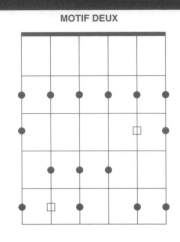 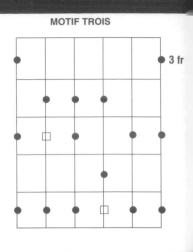 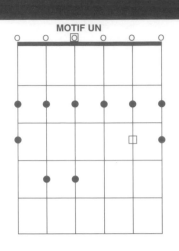

RÉ (D) PENTATONIQUE MAJEURE

MANCHE INTÉGRAL	MOTIF UN	MOTIF DEUX	MOTIF TROIS

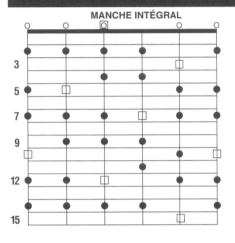 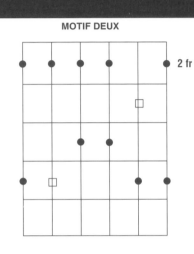 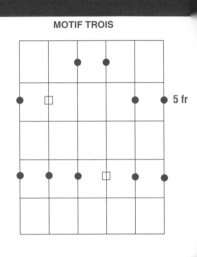 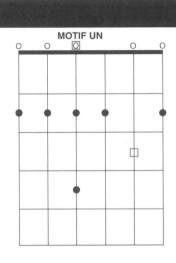

RÉ (D) MINEURE NATURELLE (ÉOLIEN)

MANCHE INTÉGRAL	MOTIF UN	MOTIF DEUX	MOTIF TROIS

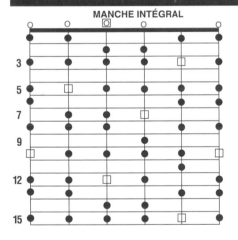 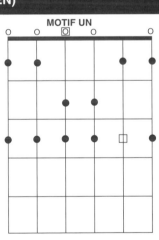 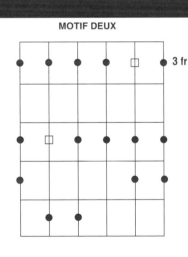 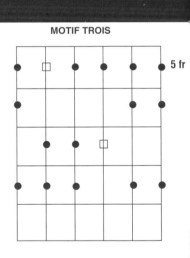

RÉ (D) PENTATONIQUE MINEURE

MANCHE INTÉGRAL	MOTIF UN	MOTIF DEUX	MOTIF TROIS

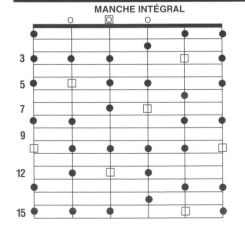 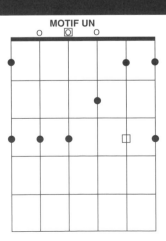 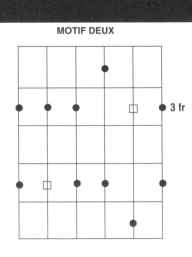 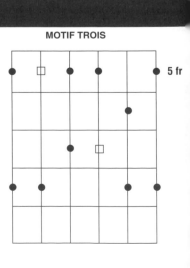

(D–E–F♯–G–A–B–C♯)

MOTIF QUATRE	MOTIF CINQ	MOTIF SIX	MOTIF SEPT

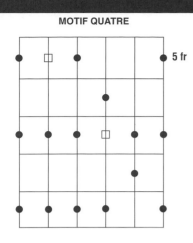 5 fr
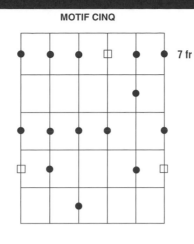 7 fr
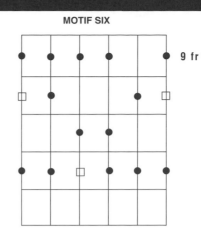 9 fr
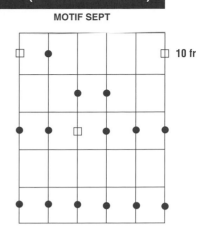 10 fr

(D–E–F♯–A–B)

MOTIF QUATRE	MOTIF CINQ	MOTIF UN (+1 OCTAVE)	MOTIF DEUX (+1 OCTAVE)

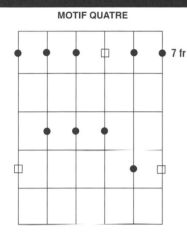 7 fr
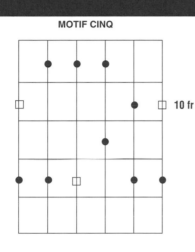 10 fr
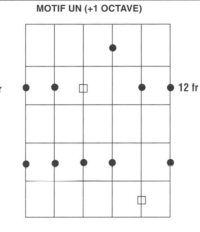 12 fr
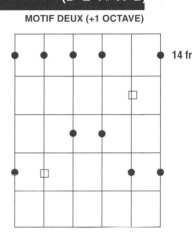 14 fr

(D–E–F–G–A–B♭–C)

MOTIF QUATRE	MOTIF CINQ	MOTIF SIX	MOTIF SEPT

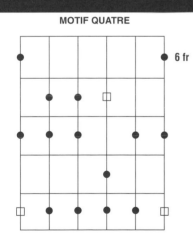 6 fr
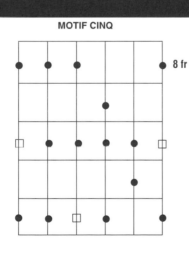 8 fr
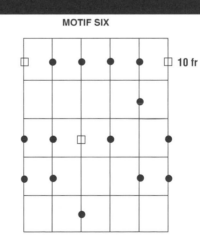 10 fr
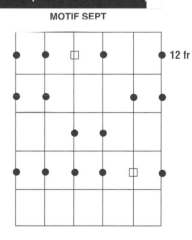 12 fr

(D–F–G–A–C)

MOTIF QUATRE	MOTIF CINQ	MOTIF UN (+1 OCTAVE)	MOTIF DEUX (+1 OCTAVE)

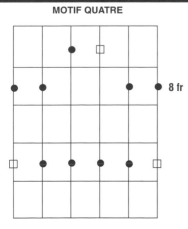 8 fr
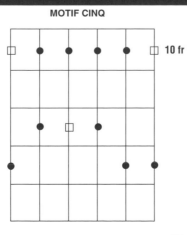 10 fr
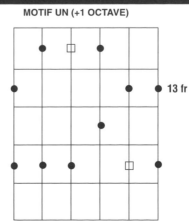 13 fr
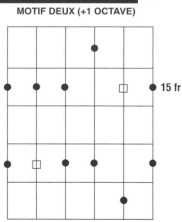 15 fr

RÉ (D)♯ BLUES

MANCHE INTÉGRAL	MOTIF UN	MOTIF DEUX	MOTIF TROIS

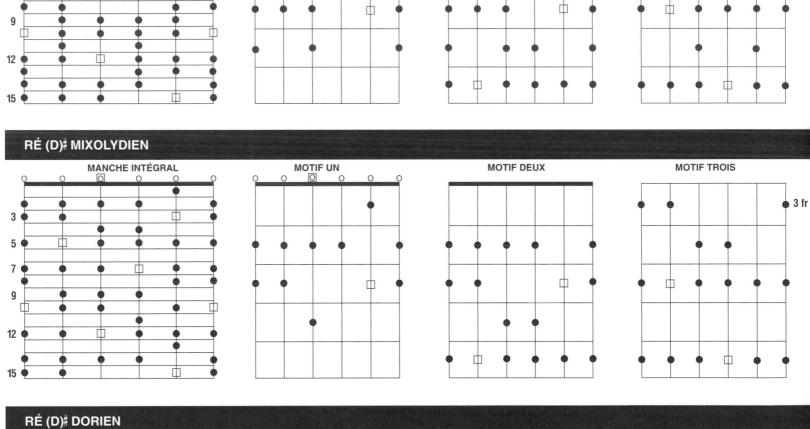

RÉ (D)♯ MIXOBLUES

MANCHE INTÉGRAL	MOTIF UN	MOTIF DEUX	MOTIF TROIS

RÉ (D)♯ MIXOLYDIEN

MANCHE INTÉGRAL	MOTIF UN	MOTIF DEUX	MOTIF TROIS

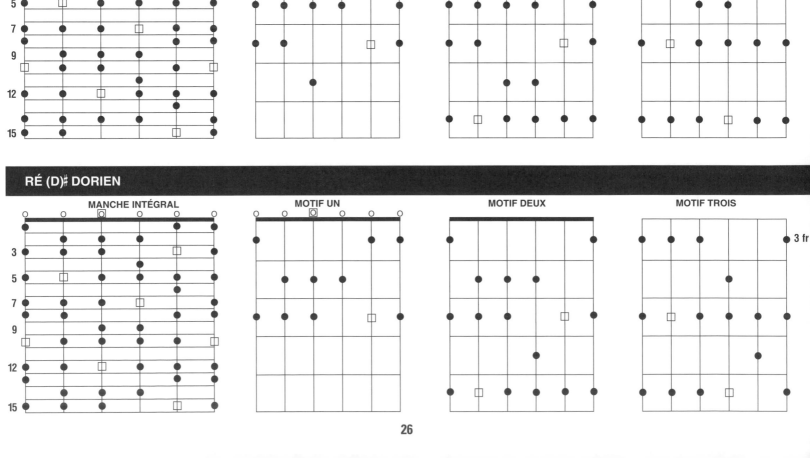

RÉ (D)♯ DORIEN

MANCHE INTÉGRAL	MOTIF UN	MOTIF DEUX	MOTIF TROIS

26

(D–F–G–A♭–A–C)

MOTIF QUATRE	MOTIF CINQ	MOTIF SIX	MOTIF UN (+1 OCTAVE)

(D–E–F–F♯–G–A♭–A–B–C)

MOTIF QUATRE	MOTIF CINQ	MOTIF SIX	MOTIF SEPT

(D–E–F♯–G–A–B–C)

MOTIF QUATRE	MOTIF CINQ	MOTIF SIX	MOTIF SEPT

(D–E–F–G–A–B–C)

MOTIF QUATRE	MOTIF CINQ	MOTIF SIX	MOTIF SEPT

RÉ (D) MINEURE MÉLODIQUE

MANCHE INTÉGRAL   MOTIF UN   MOTIF DEUX   MOTIF TROIS

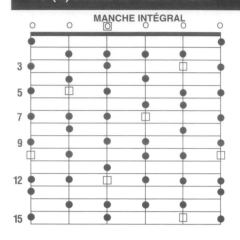
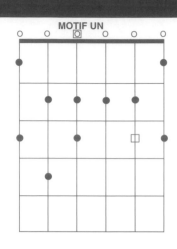
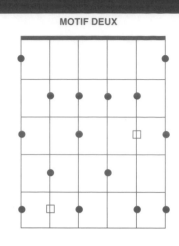
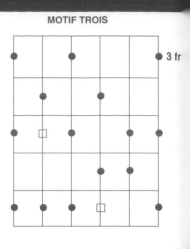

RÉ (D) MINEURE HARMONIQUE

MANCHE INTÉGRAL   MOTIF UN   MOTIF DEUX   MOTIF TROIS

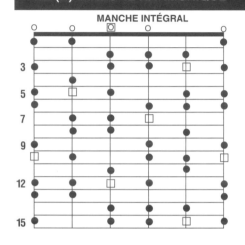
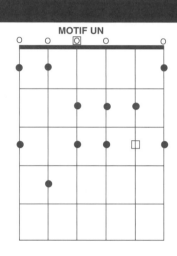
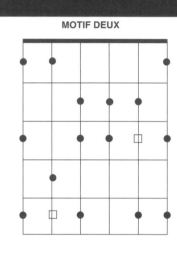
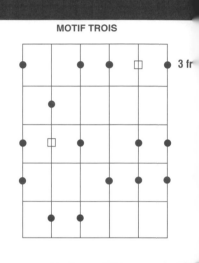

RÉ (D) PHRYGIEN

MANCHE INTÉGRAL   MOTIF UN   MOTIF DEUX   MOTIF TROIS

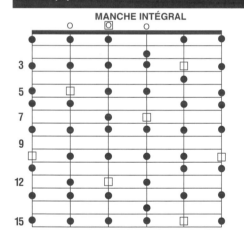
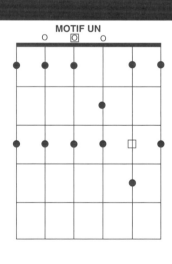
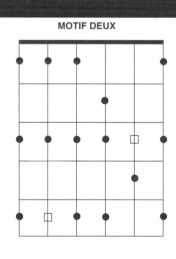
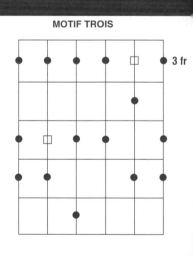

RÉ (D) LOCRIEN

MANCHE INTÉGRAL   MOTIF UN   MOTIF DEUX   MOTIF TROIS

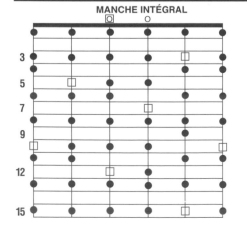
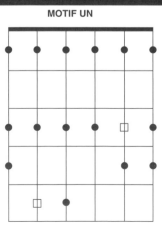
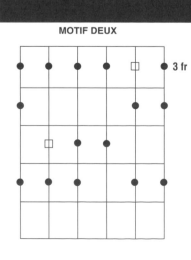
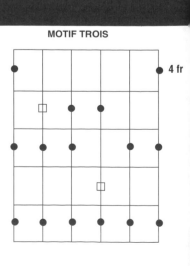

28

(D–E–F–G–A–B–C♯)

MOTIF QUATRE	MOTIF CINQ	MOTIF SIX	MOTIF SEPT
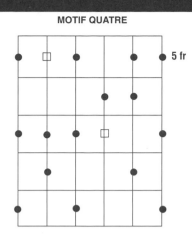 5 fr	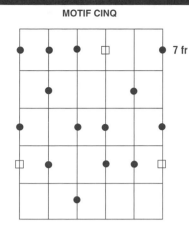 7 fr	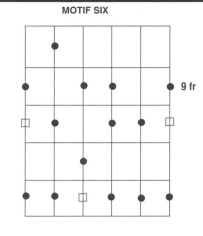 9 fr	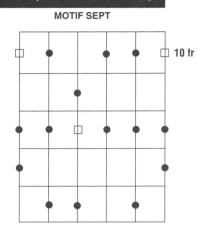 10 fr

(D–E–F–G–A–B♭–C♯)

MOTIF QUATRE	MOTIF CINQ	MOTIF SIX	MOTIF SEPT
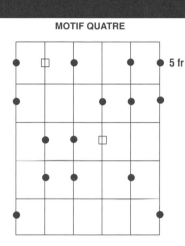 5 fr	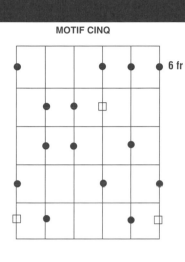 6 fr	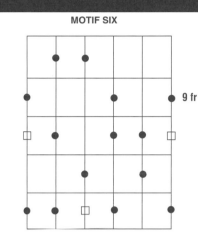 9 fr	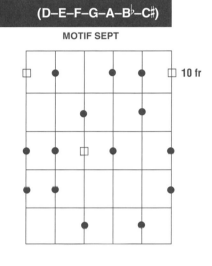 10 fr

(D–E♭–F–G–A–B♭–C)

MOTIF QUATRE	MOTIF CINQ	MOTIF SIX	MOTIF SEPT
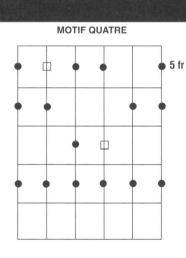 5 fr	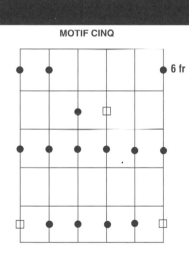 6 fr	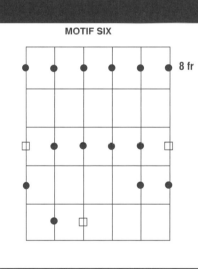 8 fr	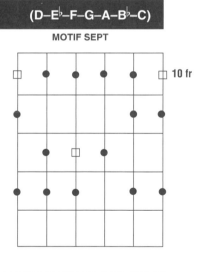 10 fr

(D–E♭–F–G–A♭–B♭–C)

MOTIF QUATRE	MOTIF CINQ	MOTIF SIX	MOTIF SEPT
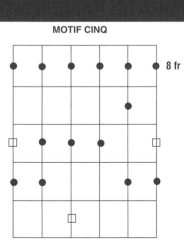 6 fr	8 fr	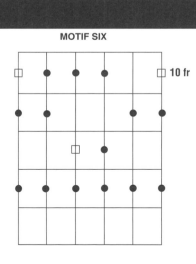 10 fr	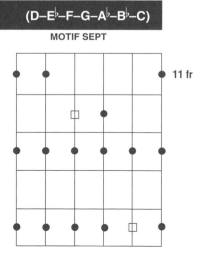 11 fr

RÉ (D) LYDIEN

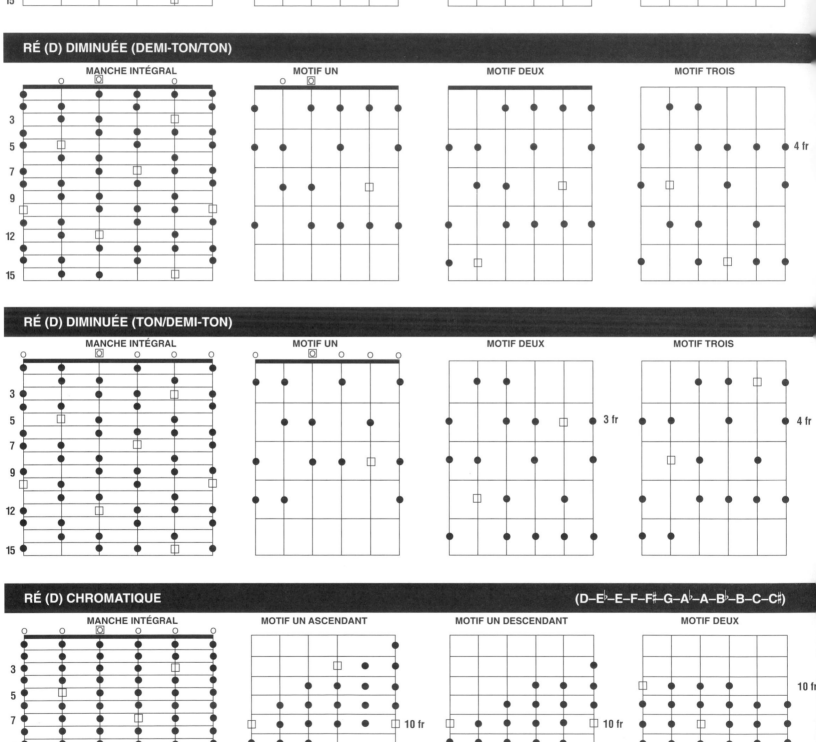

RÉ (D) DIMINUÉE (DEMI-TON/TON)

RÉ (D) DIMINUÉE (TON/DEMI-TON)

RÉ (D) CHROMATIQUE   (D–E♭–E–F–F♯–G–A♭–A–B♭–B–C–C♯)

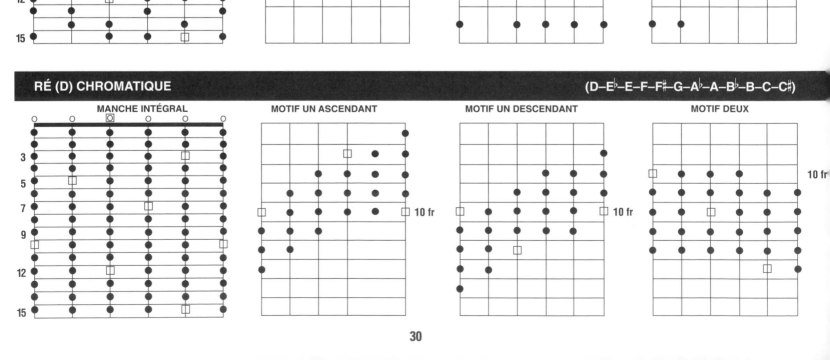

(D–E–F♯–G♯–A–B–C♯)

MOTIF QUATRE	MOTIF CINQ	MOTIF SIX	MOTIF SEPT

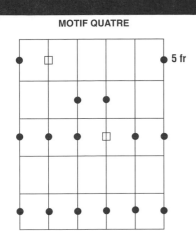 5 fr 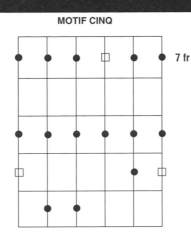 7 fr 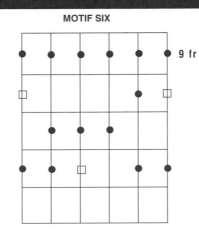 9 fr 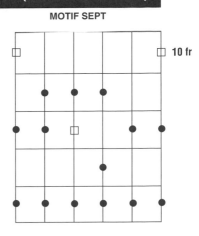 10 fr

(D–E♭–F–G♭–A♭–A–B–C)

MOTIF QUATRE	MOTIF CINQ	MOTIF SIX	MOTIF SEPT

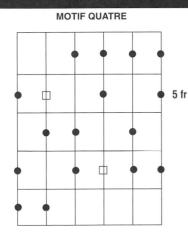 5 fr 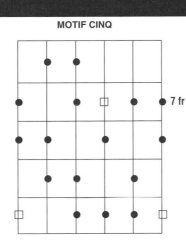 7 fr 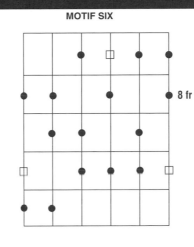 8 fr 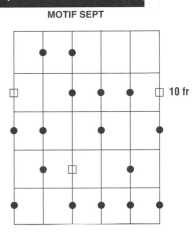 10 fr

(D–E–F–G–A♭–A♯–B–C♯)

MOTIF QUATRE	MOTIF CINQ	MOTIF SIX	MOTIF SEPT

6 fr 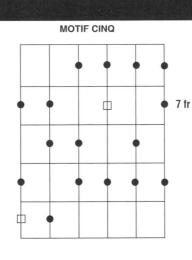 7 fr 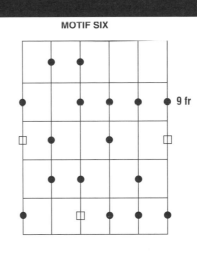 9 fr 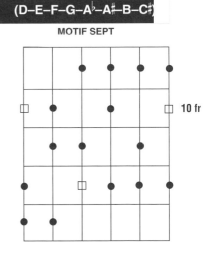 10 fr

(D–E–F♯–G♯–A♯–B♯)

MANCHE INTÉGRAL	MOTIF UN	MOTIF DEUX	MOTIF TROIS

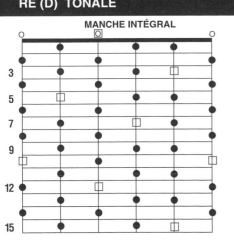

3
5
7
9
12
15

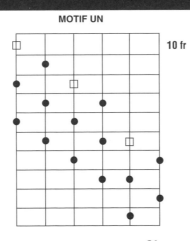 10 fr 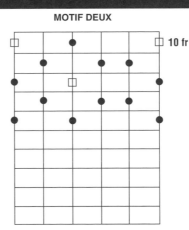 10 fr 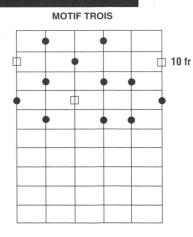 10 fr

31

MI (E)♭ (IONIEN)

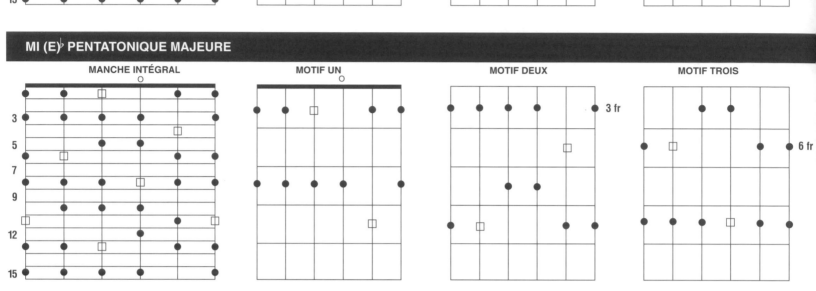

MI (E)♭ PENTATONIQUE MAJEURE

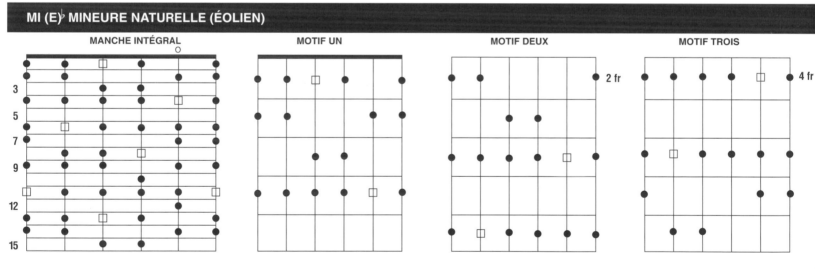

MI (E)♭ MINEURE NATURELLE (ÉOLIEN)

MI (E)♭ PENTATONIQUE MINEURE

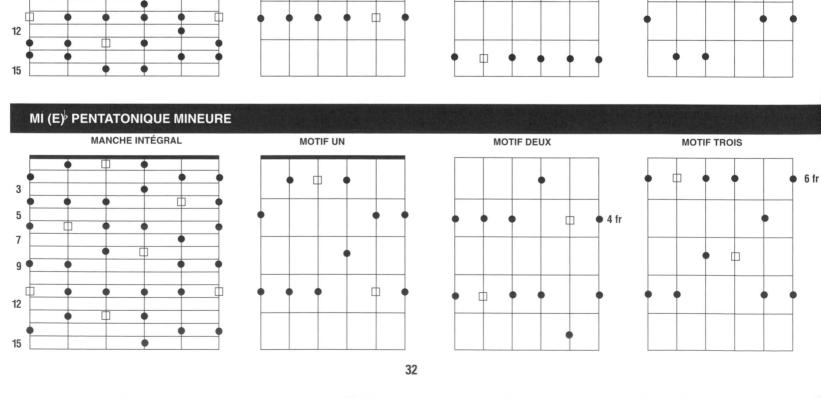

(E♭–F–G–A♭–B♭–C–D)

MOTIF QUATRE	MOTIF CINQ	MOTIF SIX	MOTIF SEPT

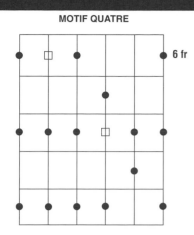 6 fr
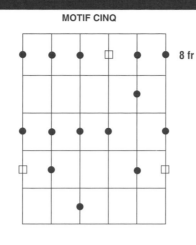 8 fr
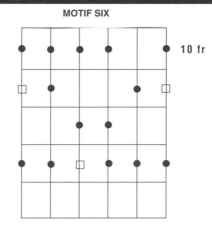 10 fr
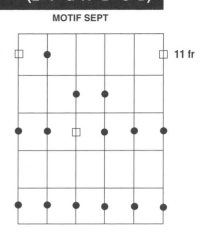 11 fr

(E♭–F–G–B♭–C)

MOTIF QUATRE	MOTIF CINQ	MOTIF UN (+1 OCTAVE)	MOTIF DEUX (+1 OCTAVE)

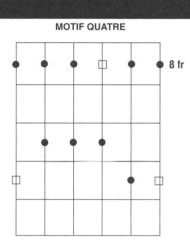 8 fr
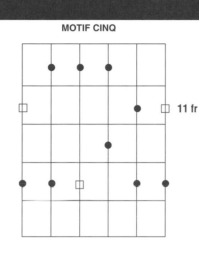 11 fr
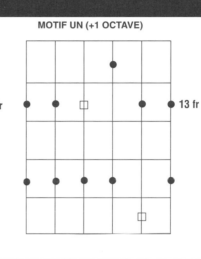 13 fr
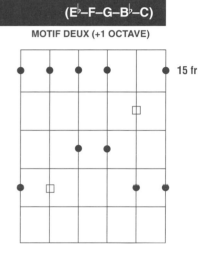 15 fr

(E♭–F–G♭–A♭–B♭–C♭–D♭)

MOTIF QUATRE	MOTIF CINQ	MOTIF SIX	MOTIF SEPT

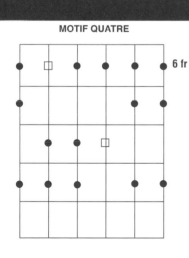 6 fr
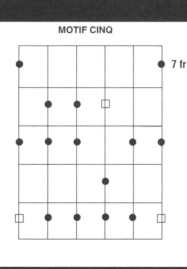 7 fr
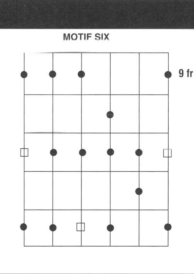 9 fr
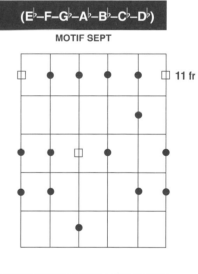 11 fr

(E♭–G♭–A♭–B♭–D♭)

MOTIF QUATRE	MOTIF CINQ	MOTIF UN (+1 OCTAVE)	MOTIF DEUX (+1 OCTAVE)

9 fr
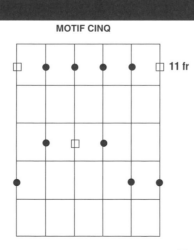 11 fr
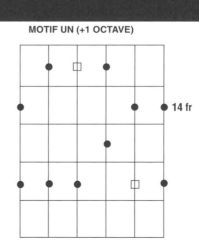 14 fr
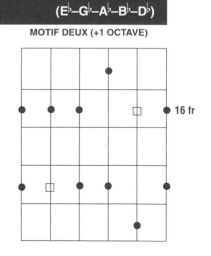 16 fr

33

MI (E)♭ BLUES

MANCHE INTÉGRAL	MOTIF UN	MOTIF DEUX	MOTIF TROIS

MI (E)♭ MIXOBLUES

MANCHE INTÉGRAL	MOTIF UN	MOTIF DEUX	MOTIF TROIS

MI (E)♭ MIXOLYDIEN

MANCHE INTÉGRAL	MOTIF UN	MOTIF DEUX	MOTIF TROIS

MI (E)♭ DORIEN

MANCHE INTÉGRAL	MOTIF UN	MOTIF DEUX	MOTIF TROIS

34

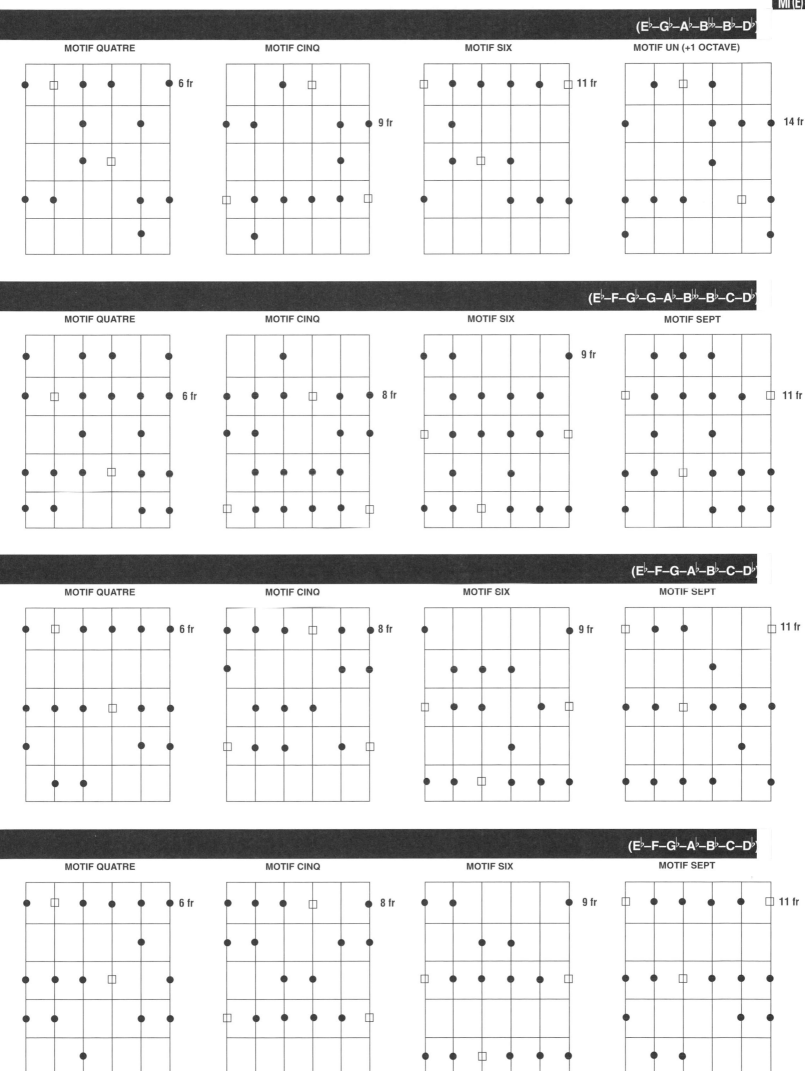

MI (E)♭ MINEURE MÉLODIQUE

MANCHE INTÉGRAL	MOTIF UN	MOTIF DEUX	MOTIF TROIS
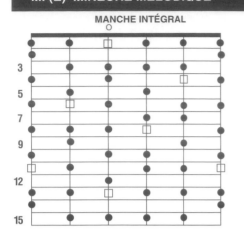	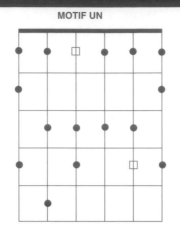	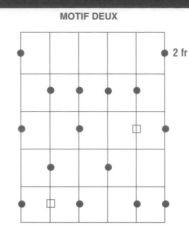	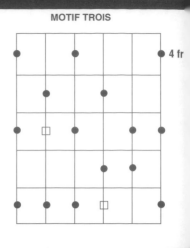

MI (E)♭ MINEURE HARMONIQUE

MANCHE INTÉGRAL	MOTIF UN	MOTIF DEUX	MOTIF TROIS
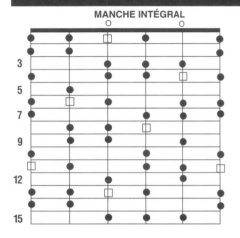	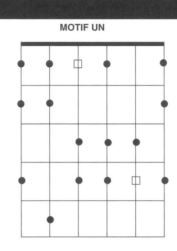	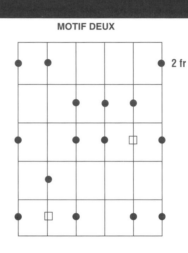	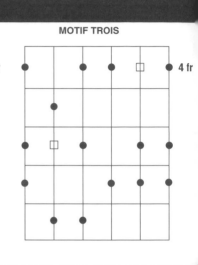

RÉ (D)♯ PHRYGIEN

MANCHE INTÉGRAL	MOTIF UN	MOTIF DEUX	MOTIF TROIS
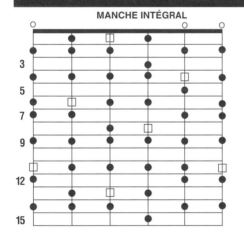	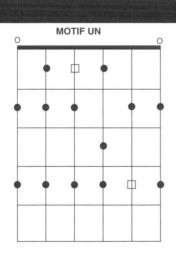	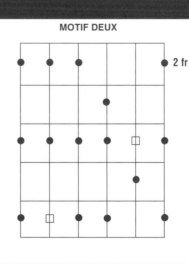	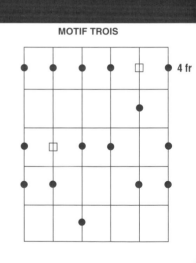

RÉ (D)♯ LOCRIEN

MANCHE INTÉGRAL	MOTIF UN	MOTIF DEUX	MOTIF TROIS
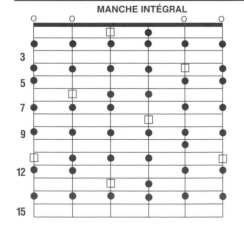	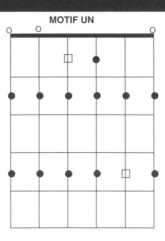	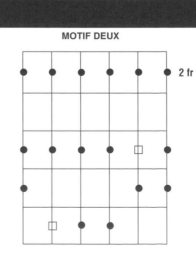	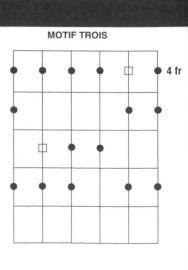

(E♭–F–G♭–A♭–B♭–C–D)

MOTIF QUATRE	MOTIF CINQ	MOTIF SIX	MOTIF SEPT

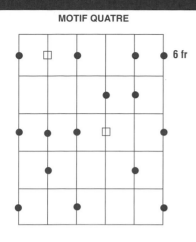 6 fr
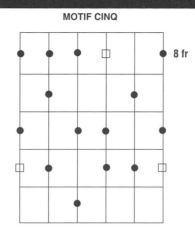 8 fr
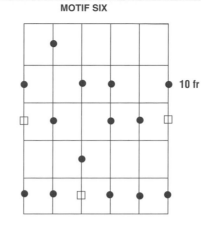 10 fr
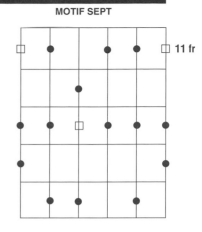 11 fr

(E♭–F–G♭–A♭–B♭–C♭–D)

MOTIF QUATRE	MOTIF CINQ	MOTIF SIX	MOTIF SEPT

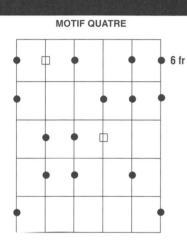 6 fr
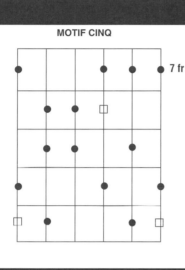 7 fr
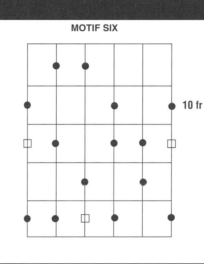 10 fr
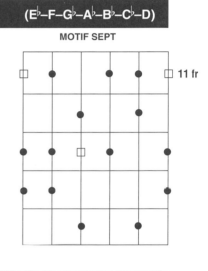 11 fr

(D#–E–F#–G#–A#–B–C#)

MOTIF QUATRE	MOTIF CINQ	MOTIF SIX	MOTIF SEPT

6 fr
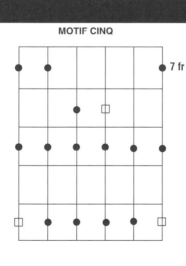 7 fr
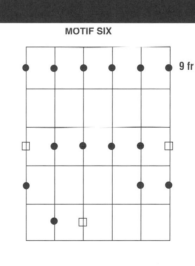 9 fr
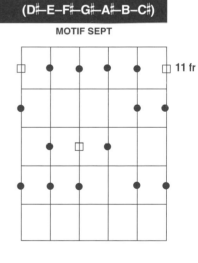 11 fr

(D#–E–F#–G#–A–B–C#)

MOTIF QUATRE	MOTIF CINQ	MOTIF SIX	MOTIF SEPT

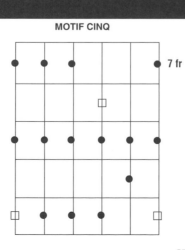 5 fr
7 fr
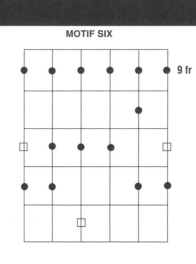 9 fr
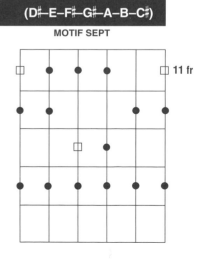 11 fr

37

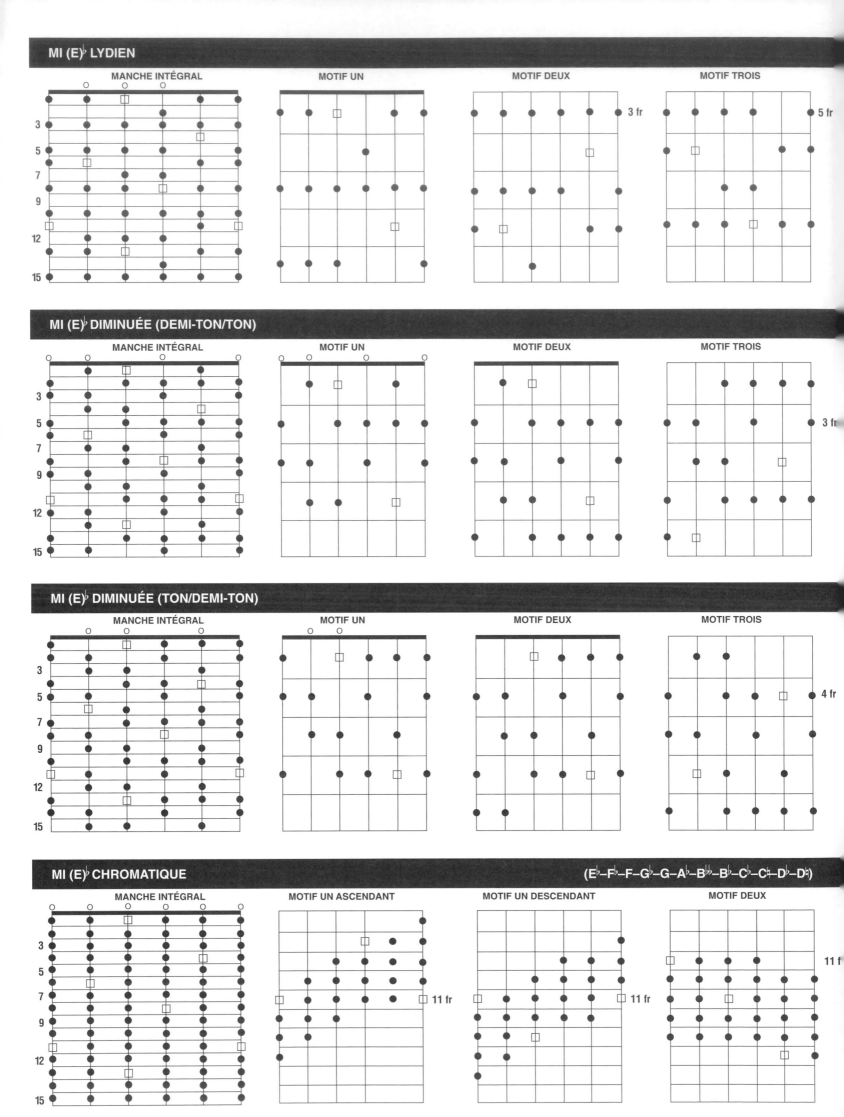

MI (E)♭ LYDIEN

MANCHE INTÉGRAL MOTIF UN MOTIF DEUX MOTIF TROIS

MI (E)♭ DIMINUÉE (DEMI-TON/TON)

MANCHE INTÉGRAL MOTIF UN MOTIF DEUX MOTIF TROIS

MI (E)♭ DIMINUÉE (TON/DEMI-TON)

MANCHE INTÉGRAL MOTIF UN MOTIF DEUX MOTIF TROIS

MI (E)♭ CHROMATIQUE   (E♭–F♭–F–G♭–G–A♭–B♭♭–B♭–C♭–C♮–D♭–D♮)

MANCHE INTÉGRAL MOTIF UN ASCENDANT MOTIF UN DESCENDANT MOTIF DEUX

Ré (D)# / Mi (E)♭

(E♭–F–G–A–B♭–C–D)

MOTIF QUATRE	MOTIF CINQ	MOTIF SIX	MOTIF SEPT

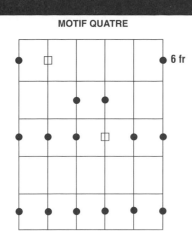 6 fr
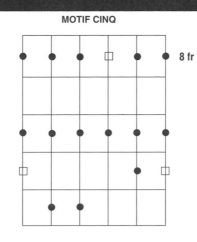 8 fr
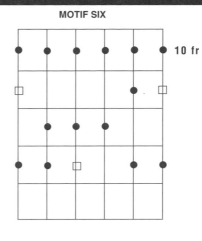 10 fr
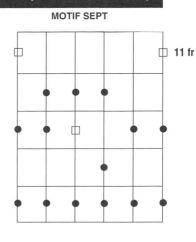 11 fr

(E♭–F–G♭–A♭–B♭♭–B♭–C–D♭)

MOTIF QUATRE	MOTIF CINQ	MOTIF SIX	MOTIF SEPT

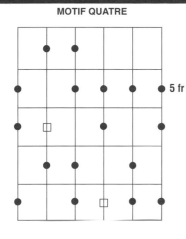 5 fr
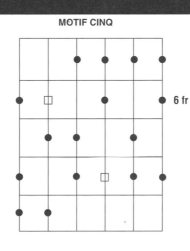 6 fr
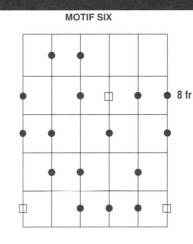 8 fr
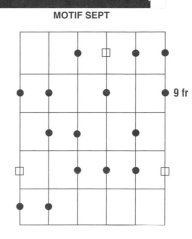 9 fr

(E♭–F–G♭–A–B♭♭–B–C–D)

MOTIF QUATRE	MOTIF CINQ	MOTIF SIX	MOTIF SEPT

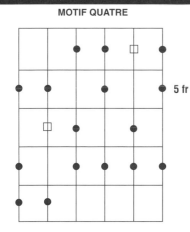 5 fr
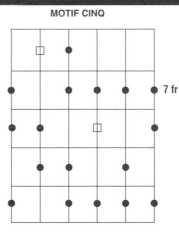 7 fr
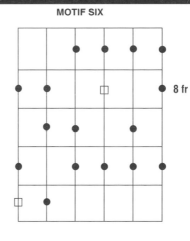 8 fr
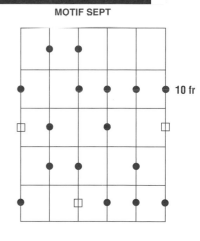 10 fr

MI (E)♭ TONALE

(E♭–F–G–A–B–C#)

MANCHE INTÉGRAL	MOTIF UN	MOTIF DEUX	MOTIF TROIS

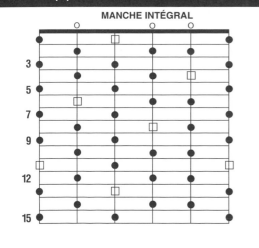
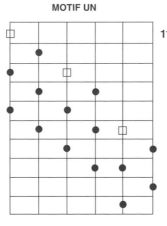 11 fr
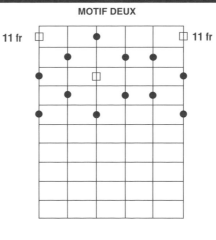 11 fr
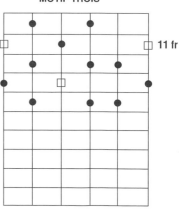 11 fr

39

MI (E) MAJEURE (IONIEN)

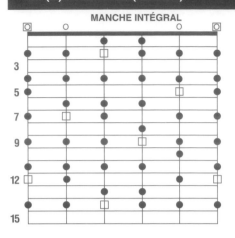
MANCHE INTÉGRAL

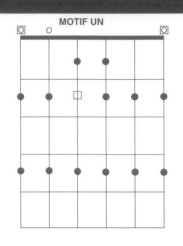
MOTIF UN

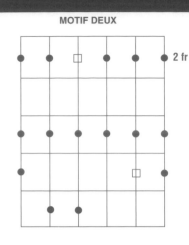
MOTIF DEUX

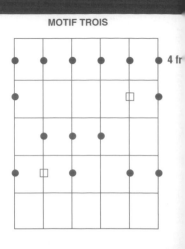
MOTIF TROIS

MI (E) PENTATONIQUE MAJEURE

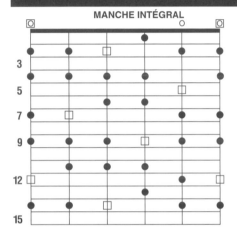
MANCHE INTÉGRAL

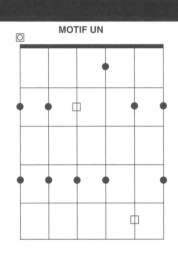
MOTIF UN

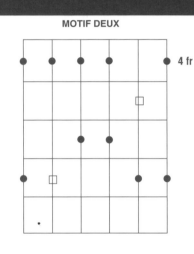
MOTIF DEUX

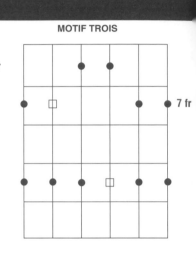
MOTIF TROIS

MI (E) MINEURE NATURELLE (ÉOLIEN)

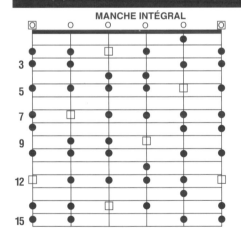
MANCHE INTÉGRAL

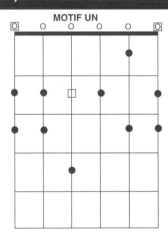
MOTIF UN

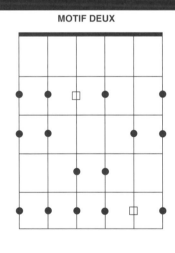
MOTIF DEUX

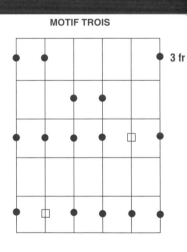
MOTIF TROIS

MI (E) PENTATONIQUE MINEURE

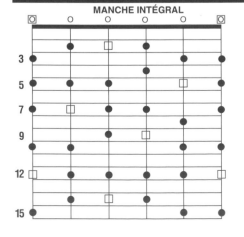
MANCHE INTÉGRAL

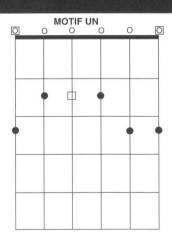
MOTIF UN

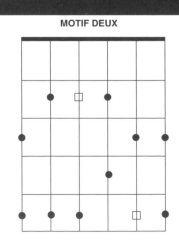
MOTIF DEUX

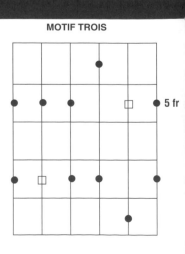
MOTIF TROIS

Mi (E)

(E–F#–G#–A–B–C#–D#)

MOTIF QUATRE	MOTIF CINQ	MOTIF SIX	MOTIF SEPT

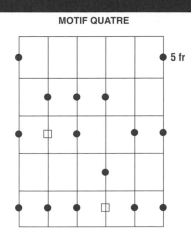 5 fr   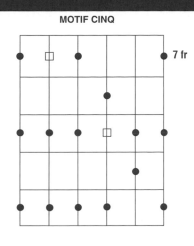 7 fr   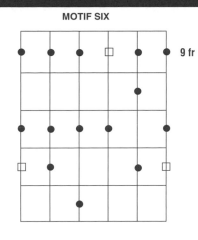 9 fr   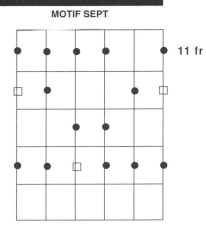 11 fr

(E–F#–G#–B–C#)

MOTIF QUATRE	MOTIF CINQ	MOTIF UN (+1 OCTAVE)	MOTIF DEUX (+1 OCTAVE)

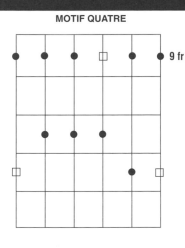 9 fr   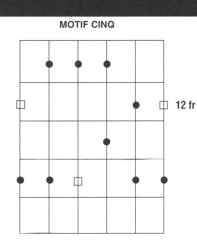 12 fr   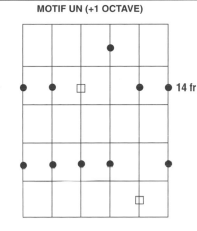 14 fr   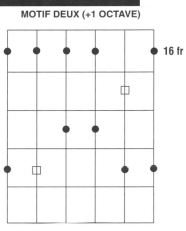 16 fr

(E–F#–G–A–B–C–D)

MOTIF QUATRE	MOTIF CINQ	MOTIF SIX	MOTIF SEPT

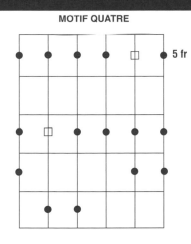 5 fr   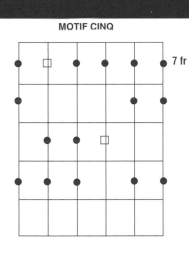 7 fr   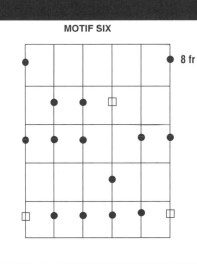 8 fr   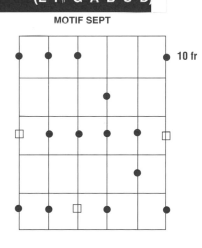 10 fr

(E–G–A–B–D)

MOTIF QUATRE	MOTIF CINQ	MOTIF UN (+1 OCTAVE)	MOTIF DEUX (+1 OCTAVE)

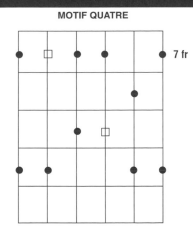 7 fr   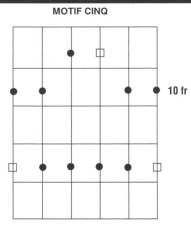 10 fr   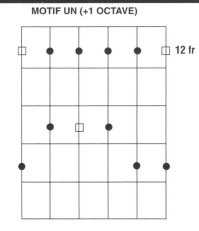 12 fr   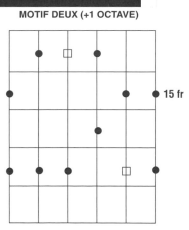 15 fr

41

MI (E) BLUES

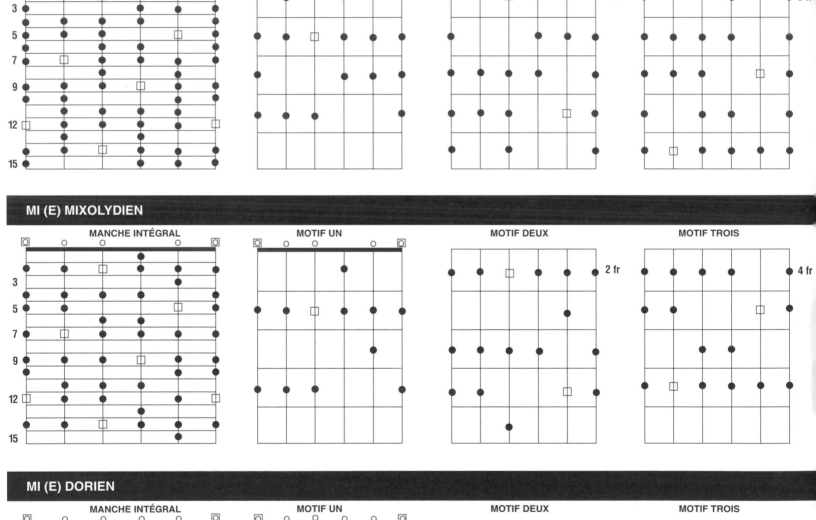

MI (E) MIXOBLUES

MI (E) MIXOLYDIEN

MI (E) DORIEN

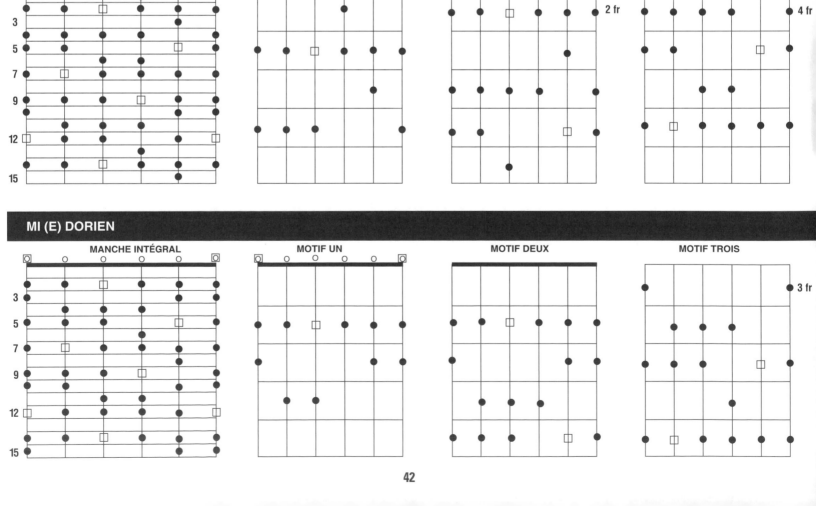

(E–G–A–B♭–B–D)

MOTIF QUATRE	MOTIF CINQ	MOTIF SIX	MOTIF UN (+1 OCTAVE)

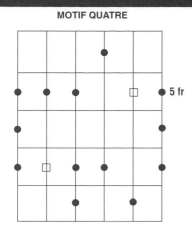 5 fr   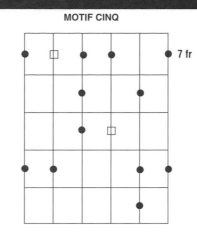 7 fr   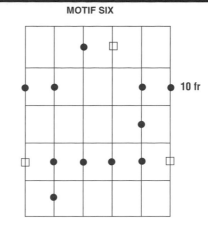 10 fr   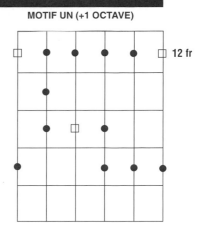 12 fr

(E–F♯–G–G♯–A–B♭–B–C♯–D)

MOTIF QUATRE	MOTIF CINQ	MOTIF SIX	MOTIF SEPT

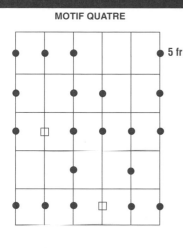 5 fr   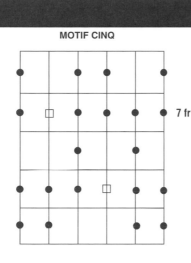 7 fr   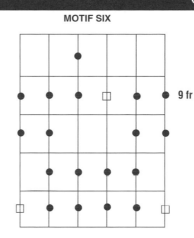 9 fr   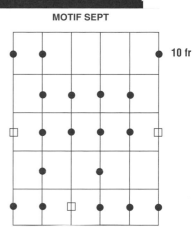 10 fr

(E–F♯–G♯–A–B–C♯–D)

MOTIF QUATRE	MOTIF CINQ	MOTIF SIX	MOTIF SEPT

5 fr   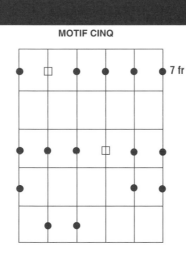 7 fr   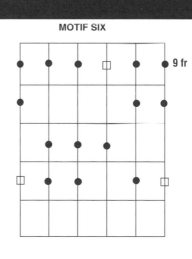 9 fr   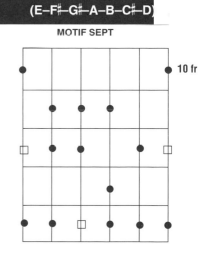 10 fr

(E–F♯–G–A–B–C♯–D)

MOTIF QUATRE	MOTIF CINQ	MOTIF SIX	MOTIF SEPT

5 fr   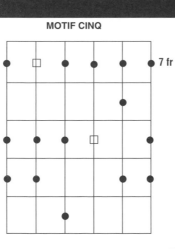 7 fr   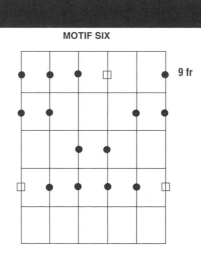 9 fr   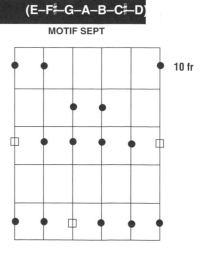 10 fr

MI (E) MINEURE MÉLODIQUE

MANCHE INTÉGRAL   MOTIF UN   MOTIF DEUX   MOTIF TROIS

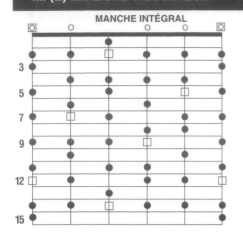
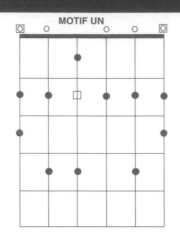
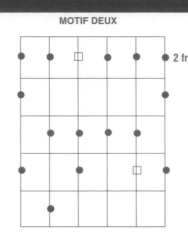
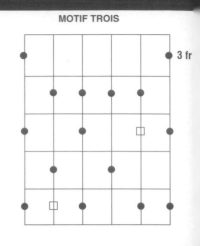

MI (E) MINEURE HARMONIQUE

MANCHE INTÉGRAL   MOTIF UN   MOTIF DEUX   MOTIF TROIS

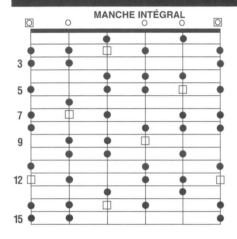
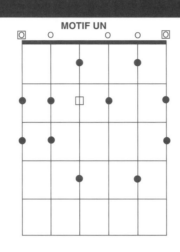
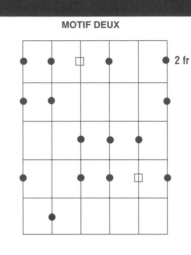
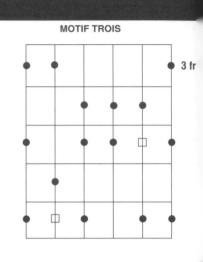

MI (E) PHRYGIEN

MANCHE INTÉGRAL   MOTIF UN   MOTIF DEUX   MOTIF TROIS

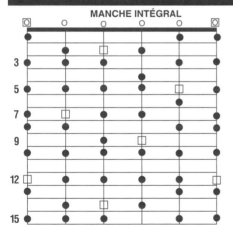
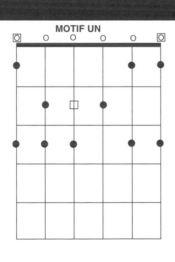
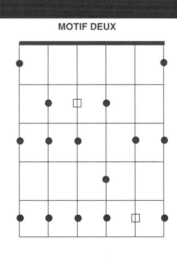
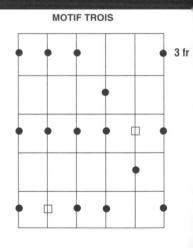

MI (E) LOCRIEN

MANCHE INTÉGRAL   MOTIF UN   MOTIF DEUX   MOTIF TROIS

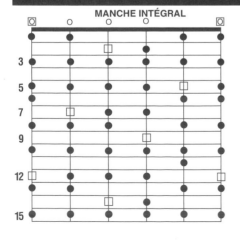
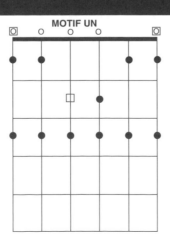
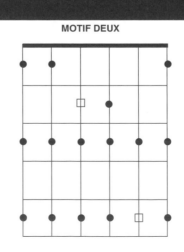
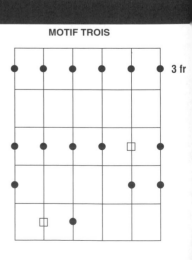

(E–F#–G–A–B–C#–D#)

MOTIF QUATRE	MOTIF CINQ	MOTIF SIX	MOTIF SEPT

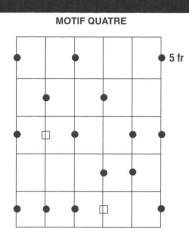 5 fr 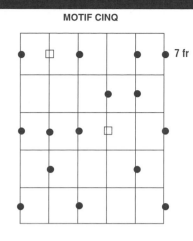 7 fr 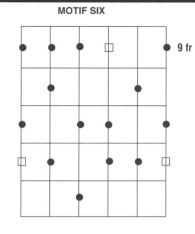 9 fr 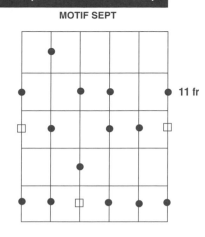 11 fr

(E–F#–G–A–B–C–D#)

MOTIF QUATRE	MOTIF CINQ	MOTIF SIX	MOTIF SEPT

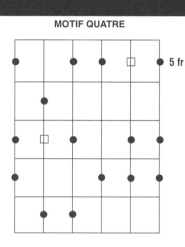 5 fr 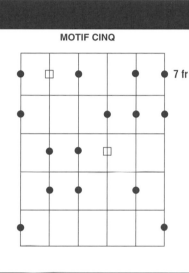 7 fr 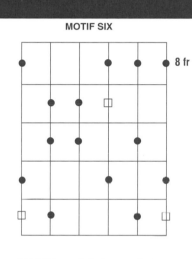 8 fr 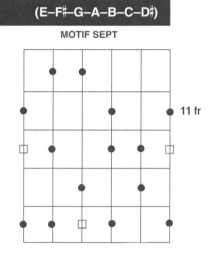 11 fr

(E–F–G–A–B–C–D)

MOTIF QUATRE	MOTIF CINQ	MOTIF SIX	MOTIF SEPT

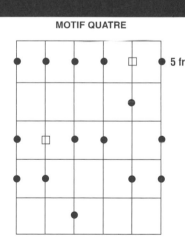 5 fr 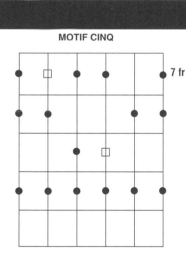 7 fr 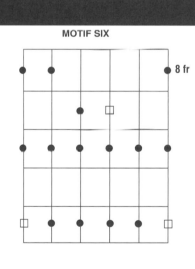 8 fr 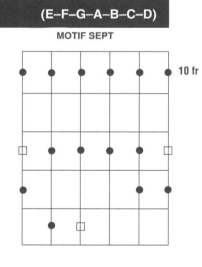 10 fr

(E–F–G–A–B♭–C–D)

MOTIF QUATRE	MOTIF CINQ	MOTIF SIX	MOTIF SEPT

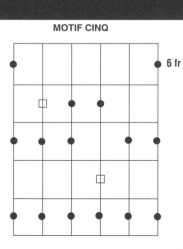 5 fr 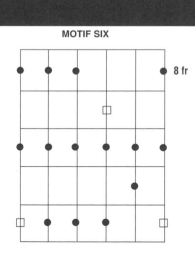 6 fr 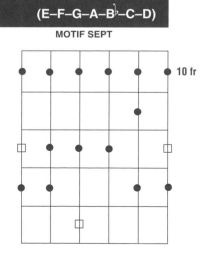 8 fr 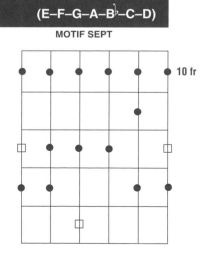 10 fr

45

MI (E) LYDIEN

MANCHE INTÉGRAL	MOTIF UN	MOTIF DEUX	MOTIF TROIS

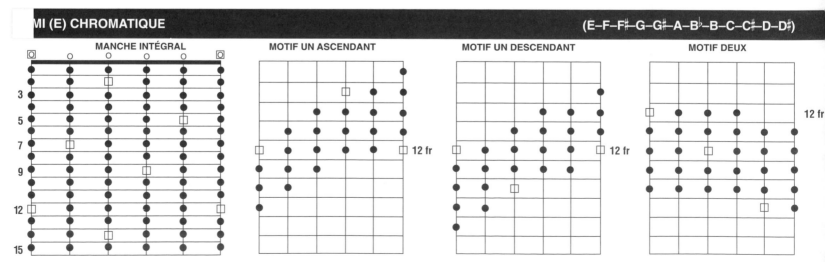

MI (E) DIMINUÉE (DEMI-TON/TON)

MANCHE INTÉGRAL	MOTIF UN	MOTIF DEUX	MOTIF TROIS

MI (E) DIMINUÉE (TON/DEMI-TON)

MANCHE INTÉGRAL	MOTIF UN	MOTIF DEUX	MOTIF TROIS

MI (E) CHROMATIQUE   (E–F–F#–G–G#–A–B♭–B–C–C#–D–D#)

MANCHE INTÉGRAL	MOTIF UN ASCENDANT	MOTIF UN DESCENDANT	MOTIF DEUX

(E–F♯–G♯–A♯–B–C♯–D♯)

MOTIF QUATRE	MOTIF CINQ	MOTIF SIX	MOTIF SEPT

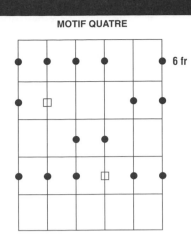 6 fr
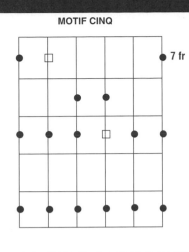 7 fr
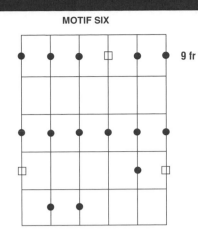 9 fr
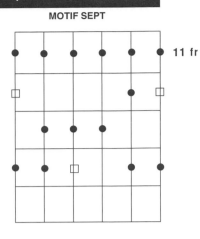 11 fr

(E–F–G–A♭–B♭–B–C♯–D)

MOTIF QUATRE	MOTIF CINQ	MOTIF SIX	MOTIF SEPT

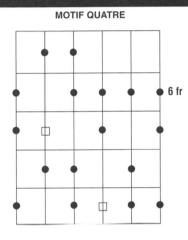 6 fr
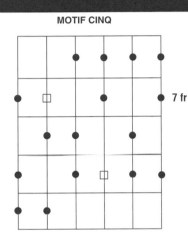 7 fr
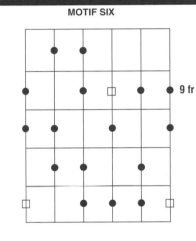 9 fr
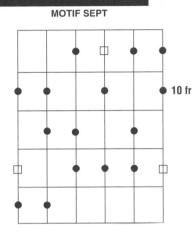 10 fr

(E–F♯–G–A–B♭–B♯–C♯–D♯)

MOTIF QUATRE	MOTIF CINQ	MOTIF SIX	MOTIF SEPT

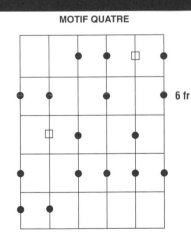 6 fr
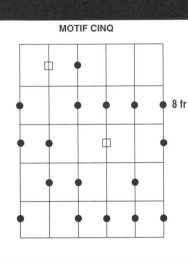 8 fr
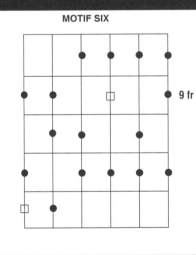 9 fr
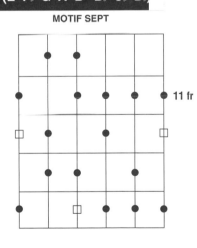 11 fr

MI (E) TONALE

(E–F♯–G♯–A♯–B♯–C♯♯)

MANCHE INTÉGRAL	MOTIF UN	MOTIF DEUX	MOTIF TROIS

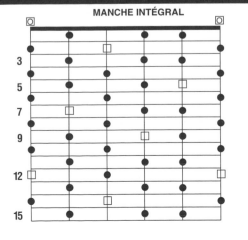
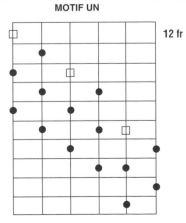 12 fr
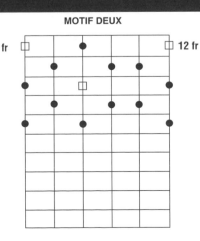 12 fr
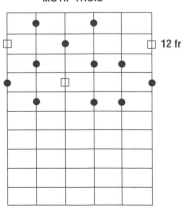 12 fr

47

FA (F) MAJEURE (IONIEN)

MANCHE INTÉGRAL	MOTIF UN	MOTIF DEUX	MOTIF TROIS

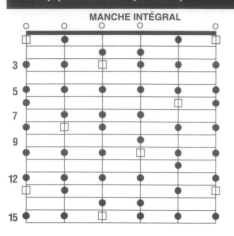
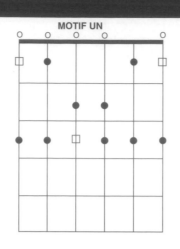
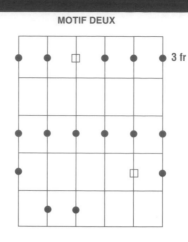
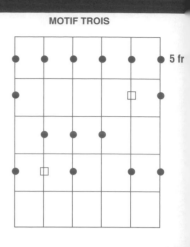

FA (F) PENTATONIQUE MAJEURE

MANCHE INTÉGRAL	MOTIF UN	MOTIF DEUX	MOTIF TROIS

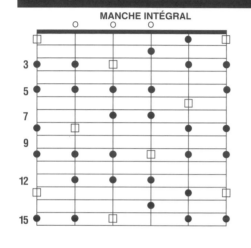
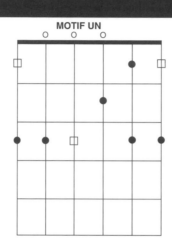
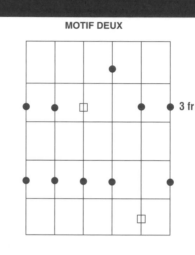
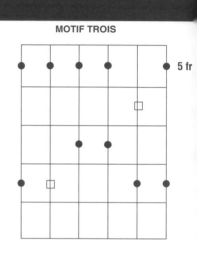

FA (F) MINEURE NATURELLE (ÉOLIEN)

MANCHE INTÉGRAL	MOTIF UN	MOTIF DEUX	MOTIF TROIS

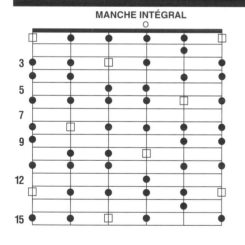
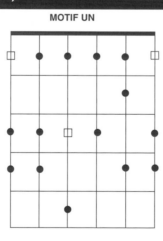
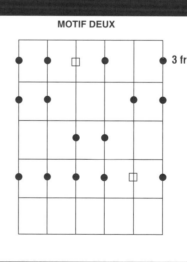
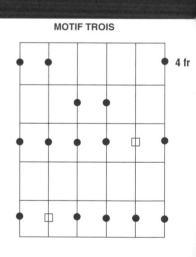

FA (F) PENTATONIQUE MINEURE

MANCHE INTÉGRAL	MOTIF UN	MOTIF DEUX	MOTIF TROIS

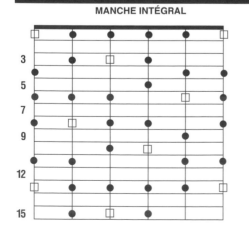
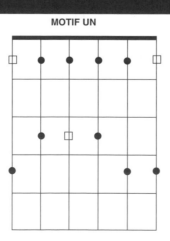
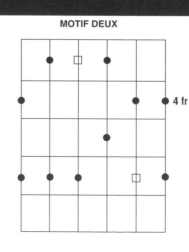
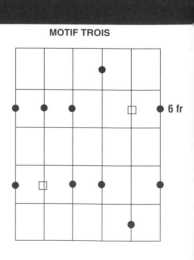

(F–G–A–B♭–C–D–E)

MOTIF QUATRE	MOTIF CINQ	MOTIF SIX	MOTIF SEPT

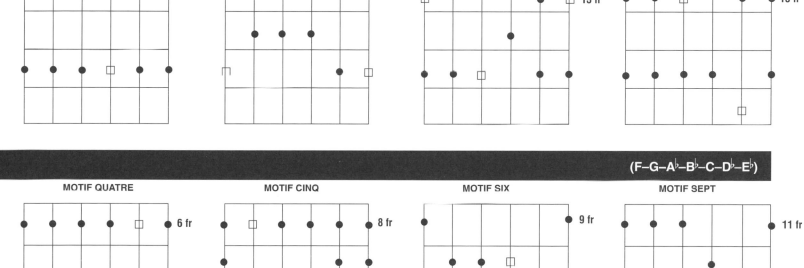

(F–G–A–C–D)

MOTIF QUATRE	MOTIF CINQ	MOTIF UN (+1 OCTAVE)	MOTIF DEUX (+1 OCTAVE)

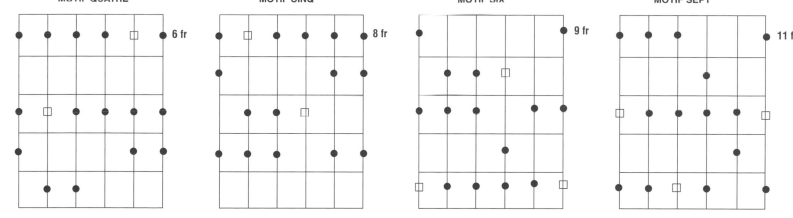

(F–G–A♭–B♭–C–D♭–E♭)

MOTIF QUATRE	MOTIF CINQ	MOTIF SIX	MOTIF SEPT

(F–A♭–B♭–C–E♭)

MOTIF QUATRE	MOTIF CINQ	MOTIF UN (+1 OCTAVE)	MOTIF DEUX (+1 OCTAVE)

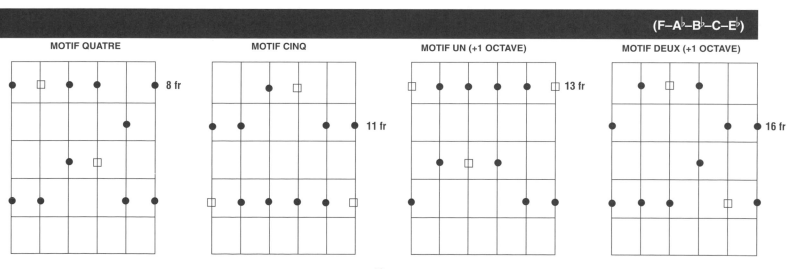

FA (F) BLUES

MANCHE INTÉGRAL	MOTIF UN	MOTIF DEUX	MOTIF TROIS

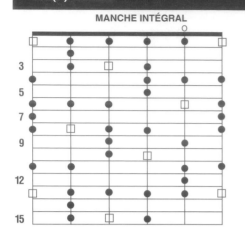 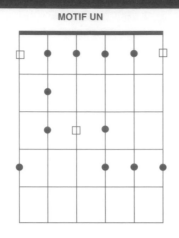 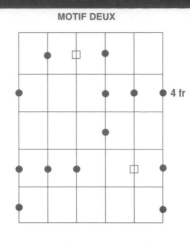 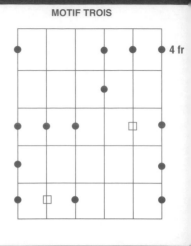

FA (F) MIXOBLUES

MANCHE INTÉGRAL	MOTIF UN	MOTIF DEUX	MOTIF TROIS

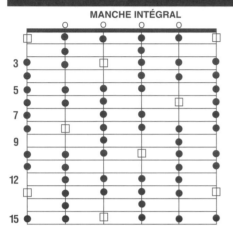 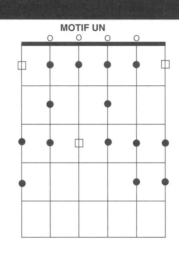 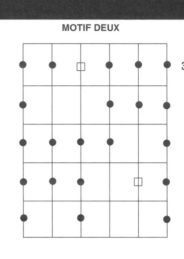 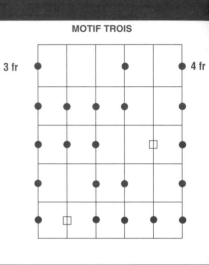

FA (F) MIXOLYDIEN

MANCHE INTÉGRAL	MOTIF UN	MOTIF DEUX	MOTIF TROIS

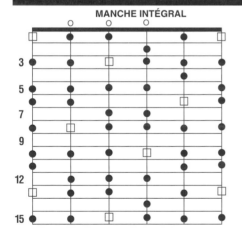 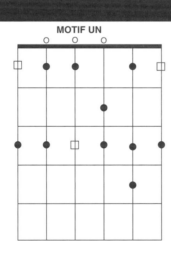 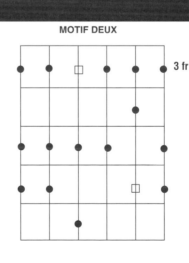 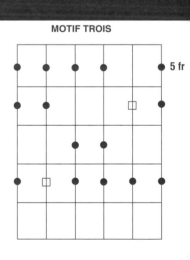

FA (F) DORIEN

MANCHE INTÉGRAL	MOTIF UN	MOTIF DEUX	MOTIF TROIS

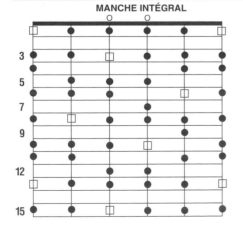 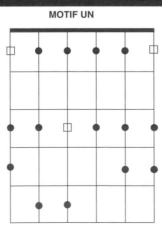 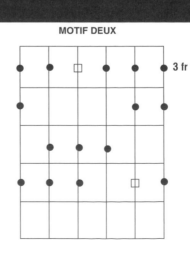 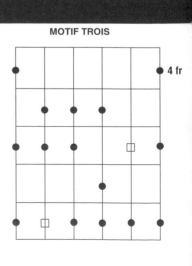

(F–A♭–B–C♭–C–E♭)

MOTIF QUATRE	MOTIF CINQ	MOTIF SIX	MOTIF UN (+1 OCTAVE)

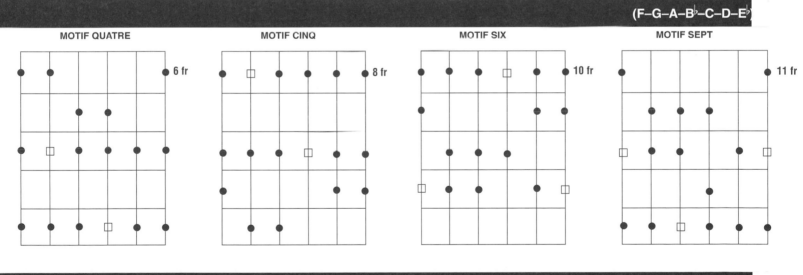

(F–G–A♭–A–B♭–C♭–C–D–E♭)

MOTIF QUATRE	MOTIF CINQ	MOTIF SIX	MOTIF SEPT

(F–G–A–B♭–C–D–E♭)

MOTIF QUATRE	MOTIF CINQ	MOTIF SIX	MOTIF SEPT

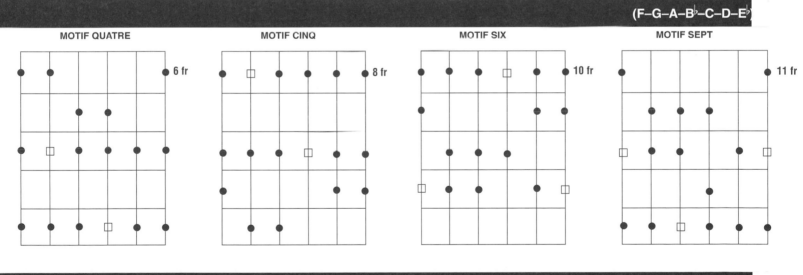

(F–G–A♭–B♭–C–D–E♭)

MOTIF QUATRE	MOTIF CINQ	MOTIF SIX	MOTIF SEPT

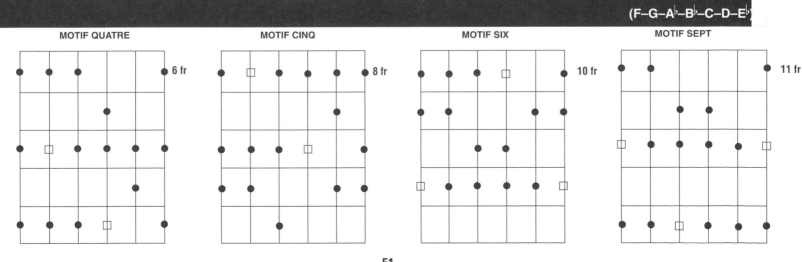

FA (F) MINEURE MÉLODIQUE

MANCHE INTÉGRAL	MOTIF UN	MOTIF DEUX	MOTIF TROIS

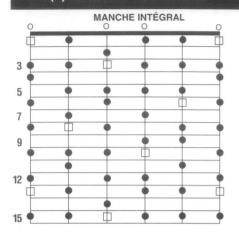
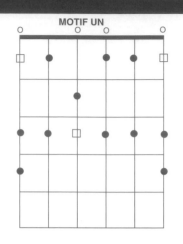
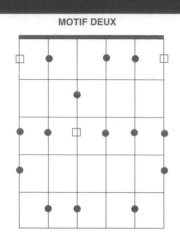
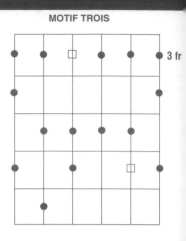

FA (F) MINEURE HARMONIQUE

MANCHE INTÉGRAL	MOTIF UN	MOTIF DEUX	MOTIF TROIS

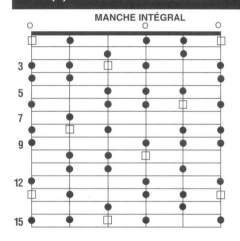
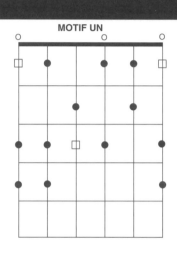
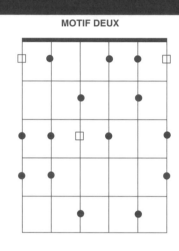
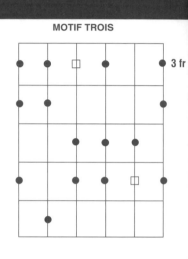

FA (F) PHRYGIEN

MANCHE INTÉGRAL	MOTIF UN	MOTIF DEUX	MOTIF TROIS

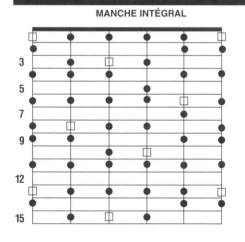
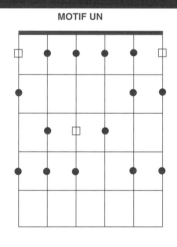
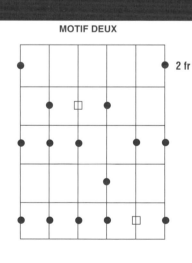
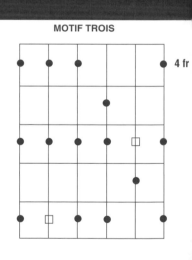

FA (F) LOCRIEN

MANCHE INTÉGRAL	MOTIF UN	MOTIF DEUX	MOTIF TROIS

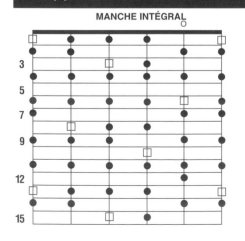
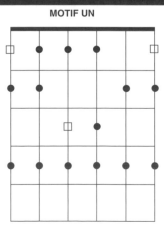
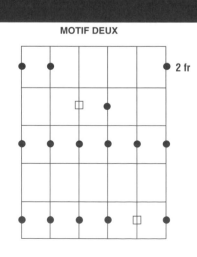
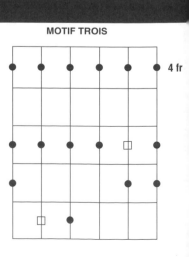

(F–G–A♭–B♭–C–D–E)

MOTIF QUATRE	MOTIF CINQ	MOTIF SIX	MOTIF SEPT

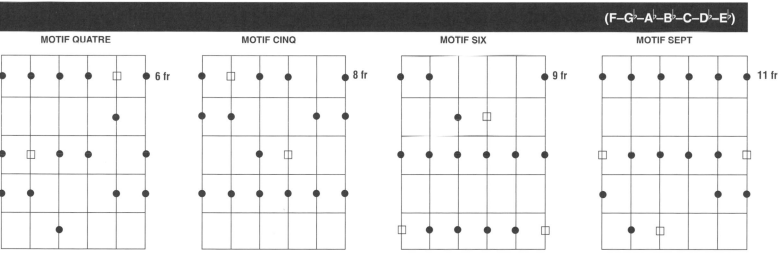

(F–G–A♭–B♭–C–D♭–E)

MOTIF QUATRE	MOTIF CINQ	MOTIF SIX	MOTIF SEPT

(F–G♭–A♭–B♭–C–D♭–E♭)

MOTIF QUATRE	MOTIF CINQ	MOTIF SIX	MOTIF SEPT

(F–G♭–A♭–B♭–C♭–D♭–E♭)

MOTIF QUATRE	MOTIF CINQ	MOTIF SIX	MOTIF SEPT

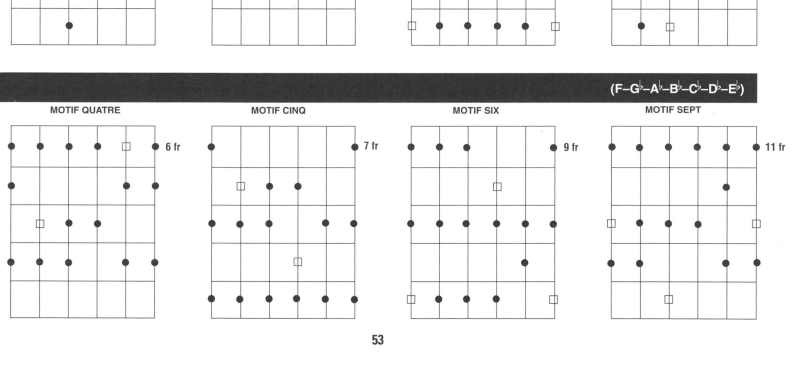

FA (F) LYDIEN

| MANCHE INTÉGRAL | MOTIF UN | MOTIF DEUX | MOTIF TROIS |

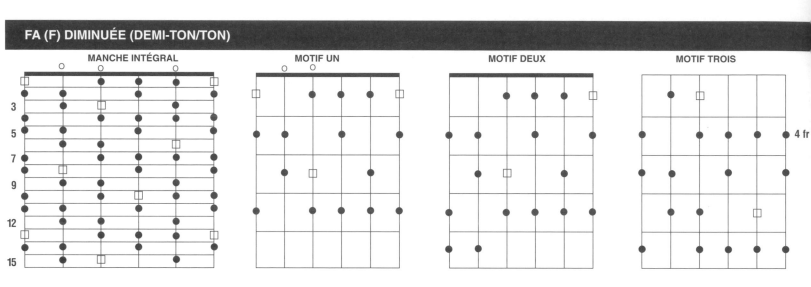

FA (F) DIMINUÉE (DEMI-TON/TON)

| MANCHE INTÉGRAL | MOTIF UN | MOTIF DEUX | MOTIF TROIS |

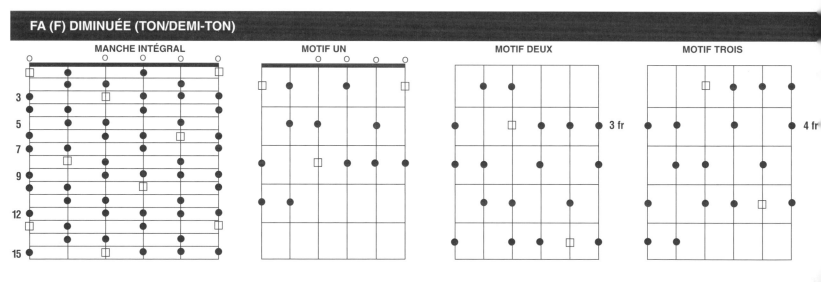

FA (F) DIMINUÉE (TON/DEMI-TON)

| MANCHE INTÉGRAL | MOTIF UN | MOTIF DEUX | MOTIF TROIS |

FA (F) CHROMATIQUE   (F–G♭–G–A♭–A–B♭–C♭–C–D♭–D–E♭–E)

| MANCHE INTÉGRAL | MOTIF UN ASCENDANT | MOTIF UN DESCENDANT | MOTIF DEUX |

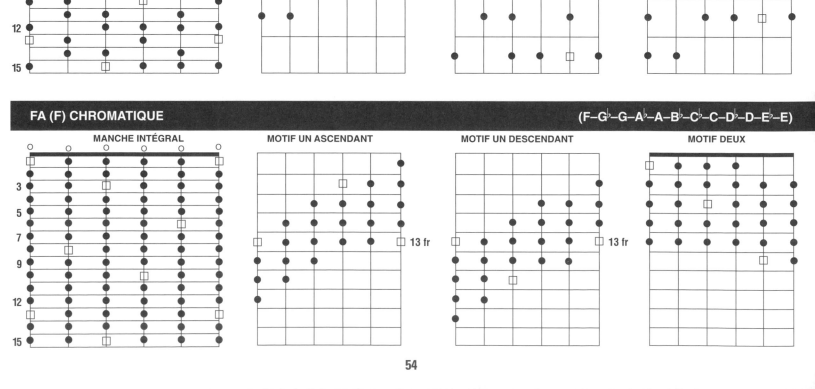

(F–G–A–B–C–D–E)

MOTIF QUATRE	MOTIF CINQ	MOTIF SIX	MOTIF SEPT

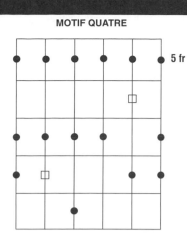 5 fr 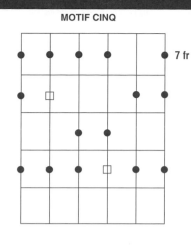 7 fr 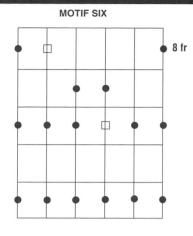 8 fr 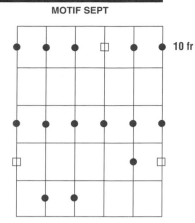 10 fr

(F–G♭–A♭–B♭♭–C♭–C–D–E♭)

MOTIF QUATRE	MOTIF CINQ	MOTIF SIX	MOTIF SEPT

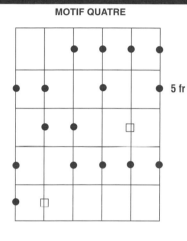 5 fr 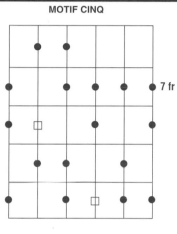 7 fr 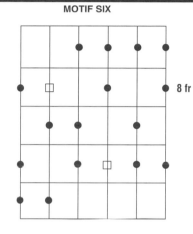 8 fr 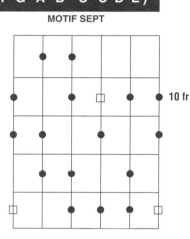 10 fr

(F–G–A♭–B♭–C♭–C#–D–E)

MOTIF QUATRE	MOTIF CINQ	MOTIF SIX	MOTIF SEPT

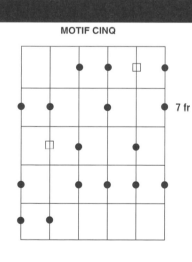 6 fr 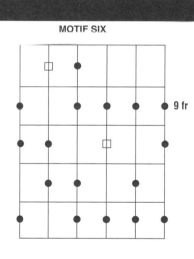 7 fr 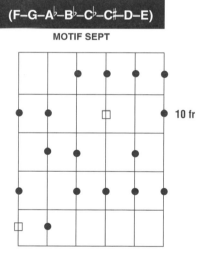 9 fr 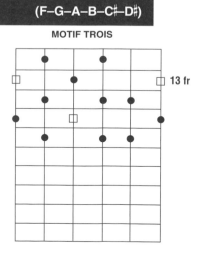 10 fr

FA (F) TONALE

(F–G–A–B–C#–D#)

MANCHE INTÉGRAL	MOTIF UN	MOTIF DEUX	MOTIF TROIS

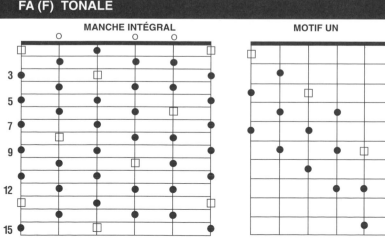 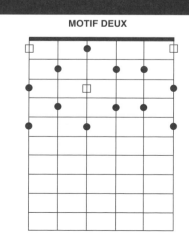 13 fr

FA (F)♯ MAJEURE (IONIEN)

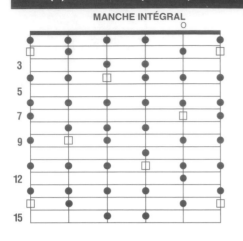

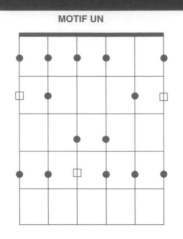

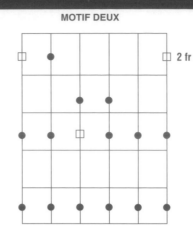

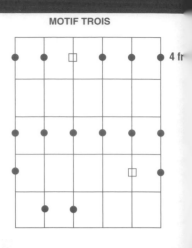

FA (F)♯ PENTATONIQUE MAJEURE

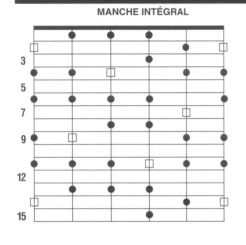

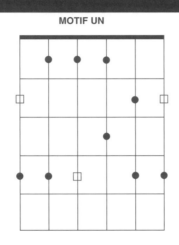

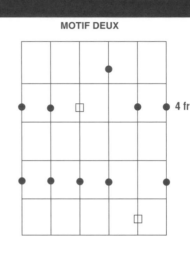

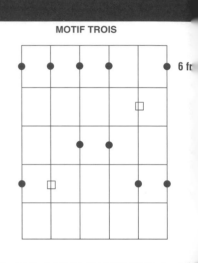

FA (F)♯ MINEURE NATURELLE (ÉOLIEN)

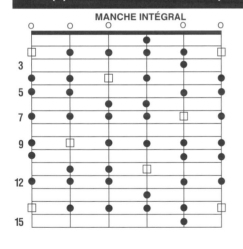

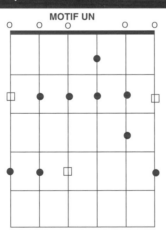

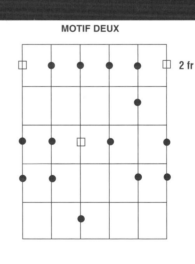

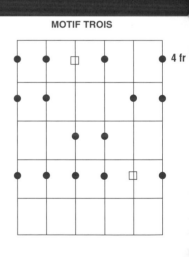

FA (F)♯ PENTATONIQUE MINEURE

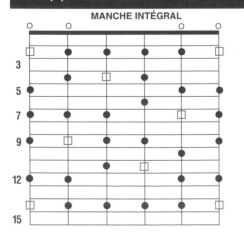

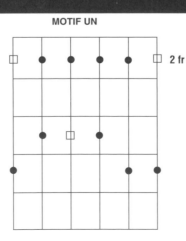

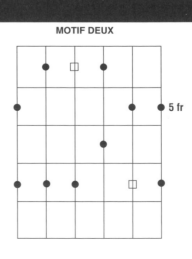

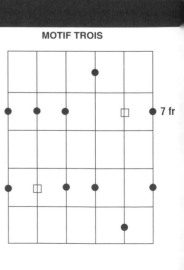

(F#–G#–A#–B–C#–D#–E#)

MOTIF QUATRE	MOTIF CINQ	MOTIF SIX	MOTIF SEPT

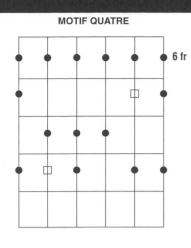 6 fr
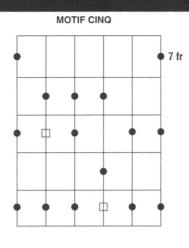 7 fr
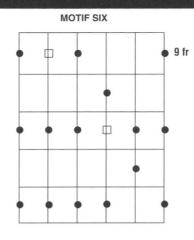 9 fr
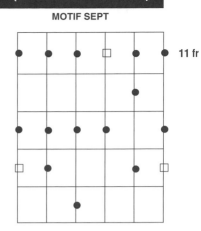 11 fr

(F#–G#–A#–C#–D#)

MOTIF QUATRE	MOTIF CINQ	MOTIF UN (+1 OCTAVE)	MOTIF DEUX (+1 OCTAVE)

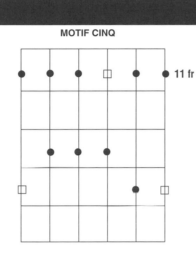 9 fr
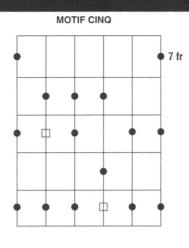 11 fr
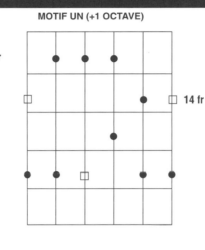 14 fr
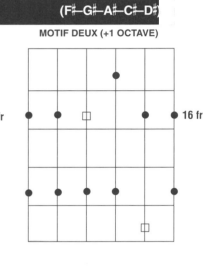 16 fr

(F#–G#–A–B–C#–D–E)

MOTIF QUATRE	MOTIF CINQ	MOTIF SIX	MOTIF SEPT

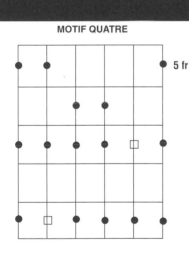 5 fr
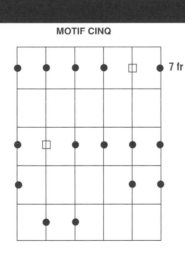 7 fr
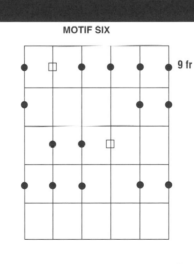 9 fr
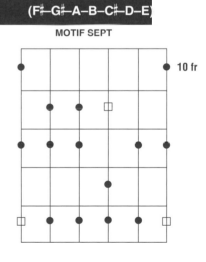 10 fr

(F#–A–B–C#–E)

MOTIF QUATRE	MOTIF CINQ	MOTIF UN (+1 OCTAVE)	MOTIF DEUX (+1 OCTAVE)

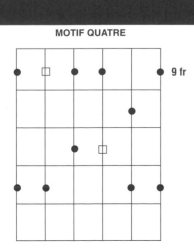 9 fr
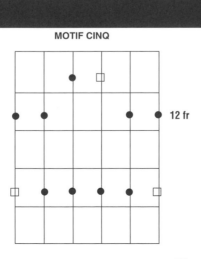 12 fr
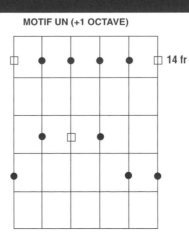 14 fr
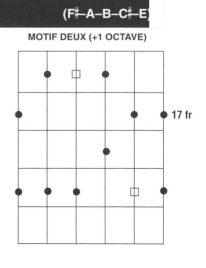 17 fr

FA (F)♯ BLUES

MANCHE INTÉGRAL	MOTIF UN	MOTIF DEUX	MOTIF TROIS

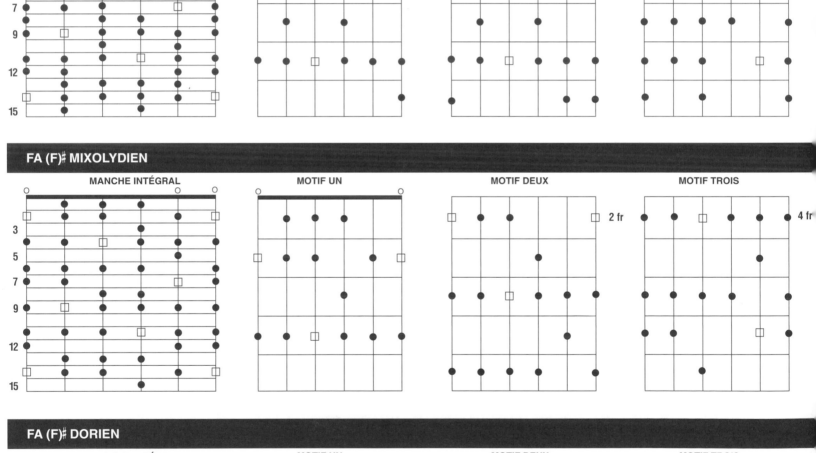

FA (F)♯ MIXOBLUES

MANCHE INTÉGRAL	MOTIF UN	MOTIF DEUX	MOTIF TROIS

FA (F)♯ MIXOLYDIEN

MANCHE INTÉGRAL	MOTIF UN	MOTIF DEUX	MOTIF TROIS

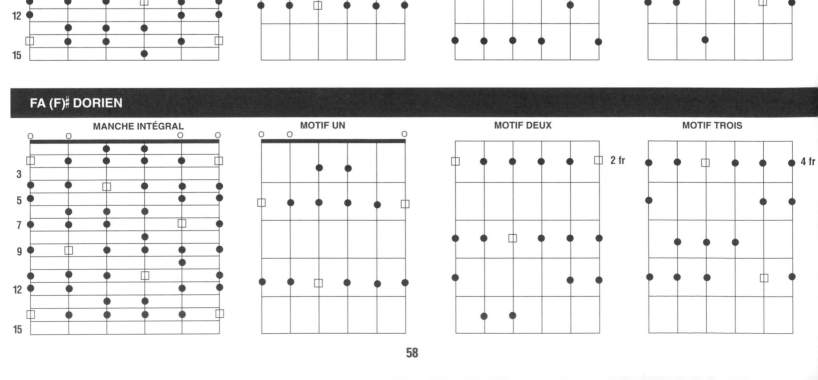

FA (F)♯ DORIEN

MANCHE INTÉGRAL	MOTIF UN	MOTIF DEUX	MOTIF TROIS

(F#–A–B–C–C#–E)

MOTIF QUATRE	MOTIF CINQ	MOTIF SIX	MOTIF UN (+1 OCTAVE)

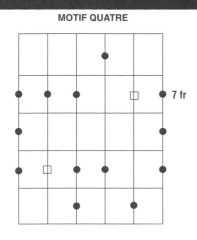 7 fr

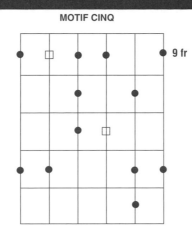 9 fr

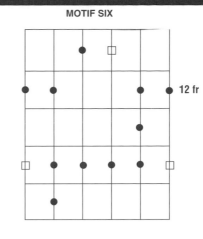 12 fr

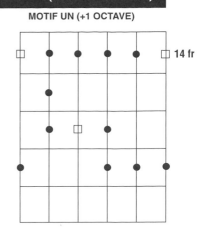 14 fr

(F#–G#–A–A#–B–C–C#–D#–E)

MOTIF QUATRE	MOTIF CINQ	MOTIF SIX	MOTIF SEPT

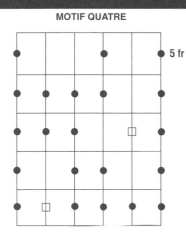 5 fr

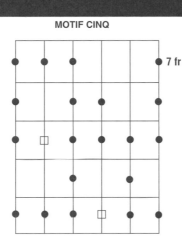 7 fr

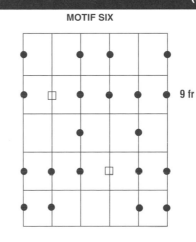 9 fr

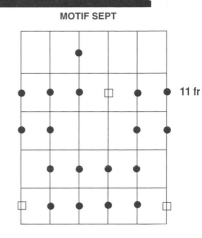 11 fr

(F#–G#–A#–B–C#–D#–E)

MOTIF QUATRE	MOTIF CINQ	MOTIF SIX	MOTIF SEPT

 6 fr

7 fr

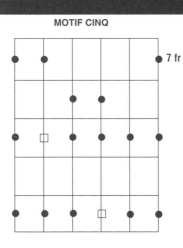 9 fr

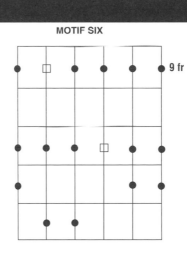 11 fr

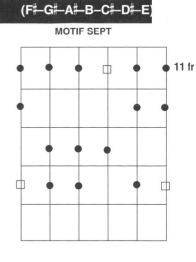

(F#–G#–A–B–C#–D#–E)

MOTIF QUATRE	MOTIF CINQ	MOTIF SIX	MOTIF SEPT

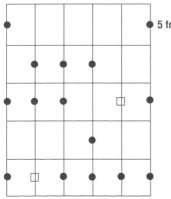 5 fr

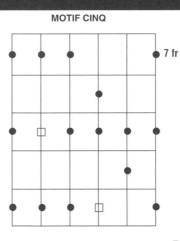 7 fr

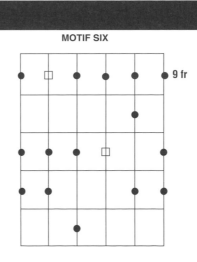 9 fr

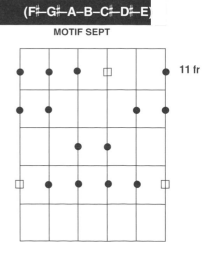 11 fr

59

FA (F)♯ MINEURE MÉLODIQUE

MANCHE INTÉGRAL | MOTIF UN | MOTIF DEUX | MOTIF TROIS

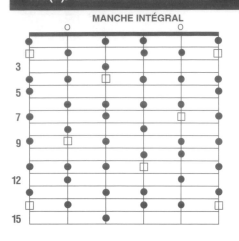 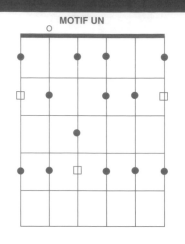 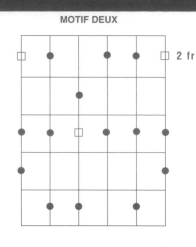 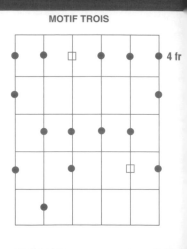

FA (F)♯ MINEURE HARMONIQUE

MANCHE INTÉGRAL | MOTIF UN | MOTIF DEUX | MOTIF TROIS

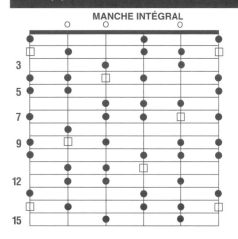 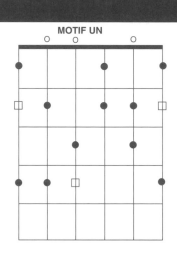 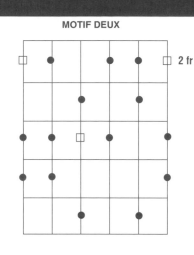 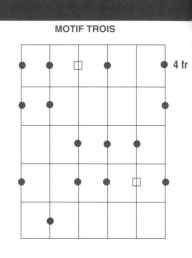

FA (F)♯ PHRYGIEN

MANCHE INTÉGRAL | MOTIF UN | MOTIF DEUX | MOTIF TROIS

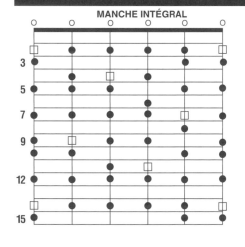 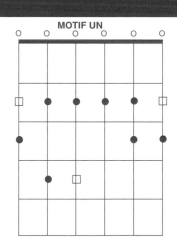 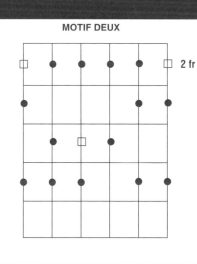 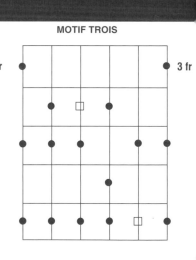

FA (F)♯ LOCRIEN

MANCHE INTÉGRAL | MOTIF UN | MOTIF DEUX | MOTIF TROIS

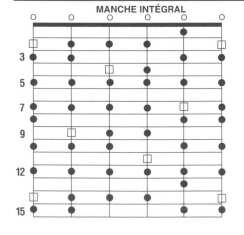 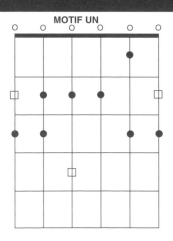 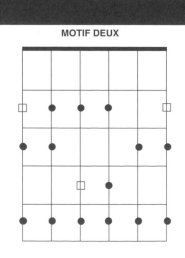 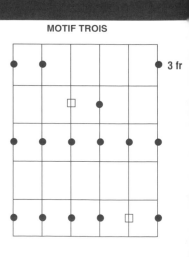

(F♯–G♯–A–B–C♯–D♯–E♯)

MOTIF QUATRE	MOTIF CINQ	MOTIF SIX	MOTIF SEPT

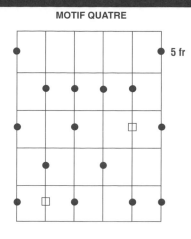 5 fr
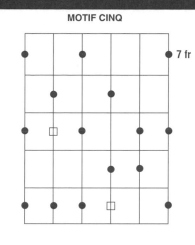 7 fr
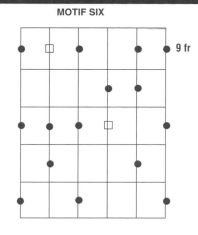 9 fr
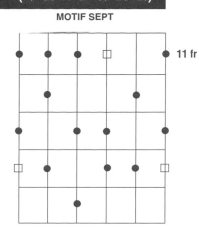 11 fr

(F♯–G♯–A–B–C♯–D–E♯)

MOTIF QUATRE	MOTIF CINQ	MOTIF SIX	MOTIF SEPT

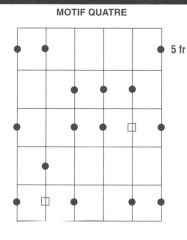 5 fr
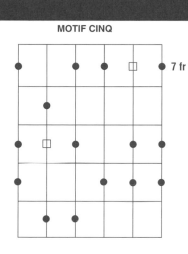 7 fr
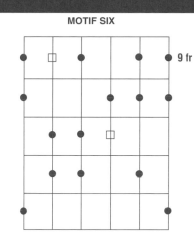 9 fr
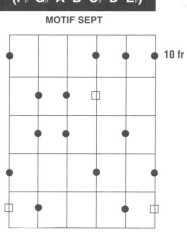 10 fr

(F♯–G–A–B–C♯–D–E)

MOTIF QUATRE	MOTIF CINQ	MOTIF SIX	MOTIF SEPT

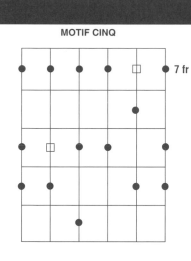 5 fr
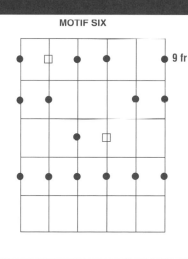 7 fr
9 fr
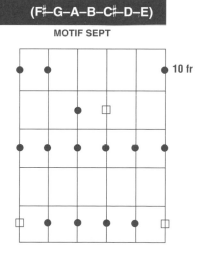 10 fr

(F♯–G–A–B–C–D–E)

MOTIF QUATRE	MOTIF CINQ	MOTIF SIX	MOTIF SEPT

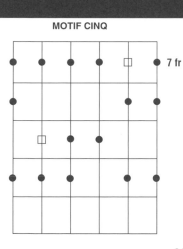 5 fr
7 fr
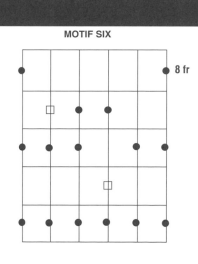 8 fr
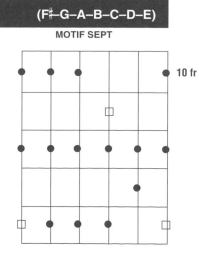 10 fr

61

SOL (G)♭ LYDIEN

MANCHE INTÉGRAL	MOTIF UN	MOTIF DEUX	MOTIF TROIS

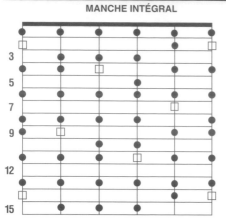
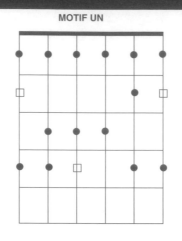
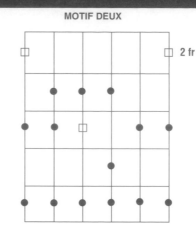 2 fr
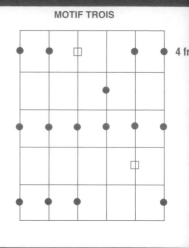 4 fr

FA (F)♯ DIMINUÉE (DEMI-TON/TON)

MANCHE INTÉGRAL	MOTIF UN	MOTIF DEUX	MOTIF TROIS

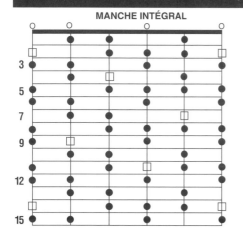
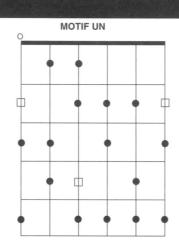
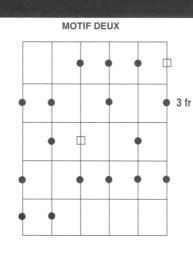 3 fr
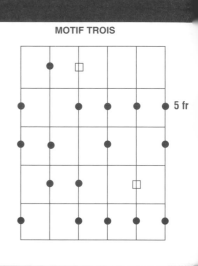 5 fr

FA (F)♯ DIMINUÉE (TON/DEMI-TON)

MANCHE INTÉGRAL	MOTIF UN	MOTIF DEUX	MOTIF TROIS

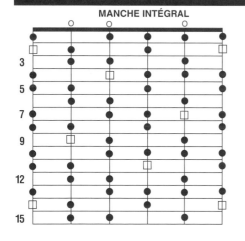
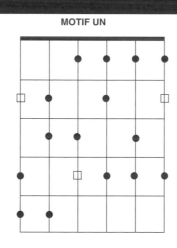
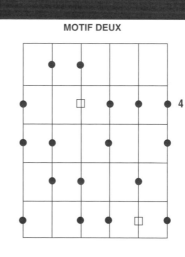 4 fr
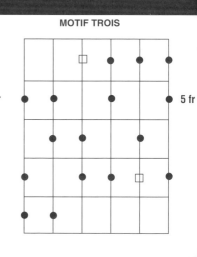 5 fr

FA (F)♯ CHROMATIQUE   (F♯–G–G♯–A–A♯–B–C–C♯–D–D♯–E–E♯)

MANCHE INTÉGRAL	MOTIF UN ASCENDANT	MOTIF UN DESCENDANT	MOTIF DEUX

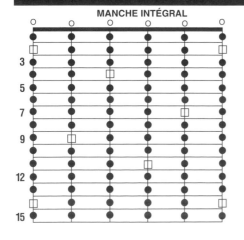
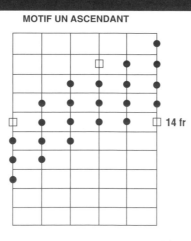 14 fr
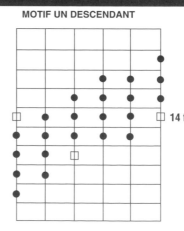 14 fr
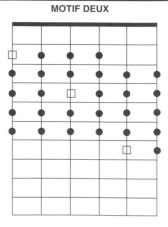

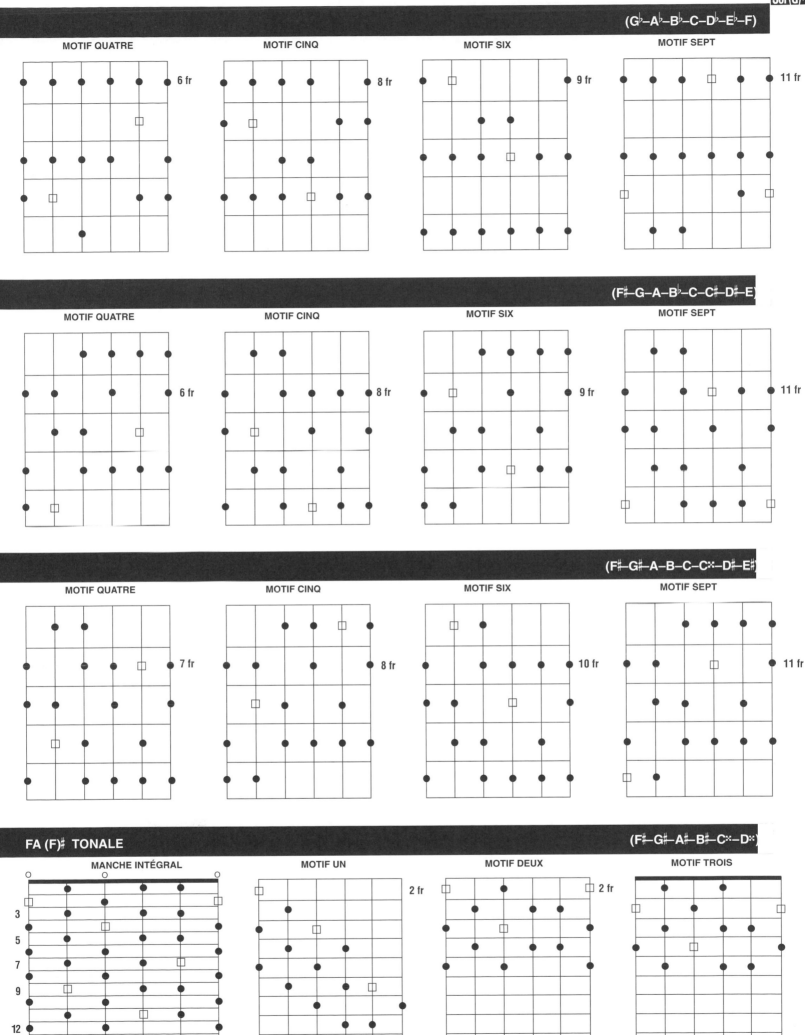

SOL (G) MAJEURE (IONIEN)

MANCHE INTÉGRAL   MOTIF UN   MOTIF DEUX   MOTIF TROIS

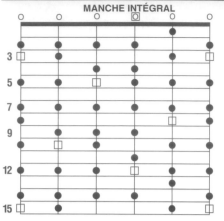
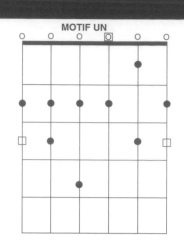
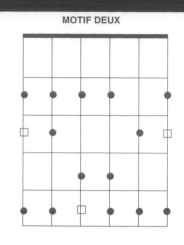
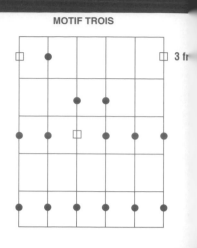

SOL (G) PENTATONIQUE MAJEURE

MANCHE INTÉGRAL   MOTIF UN   MOTIF DEUX   MOTIF TROIS

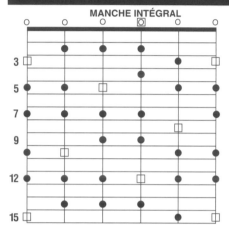
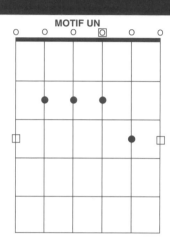
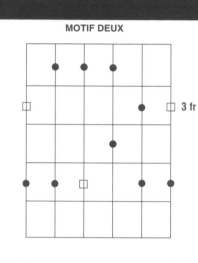
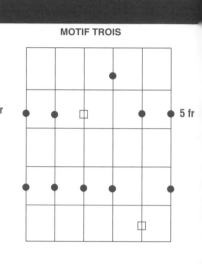

SOL (G) MINEURE NATURELLE (ÉOLIEN)

MANCHE INTÉGRAL   MOTIF UN   MOTIF DEUX   MOTIF TROIS

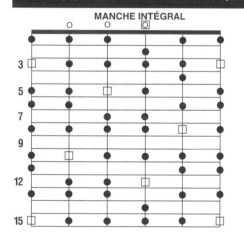
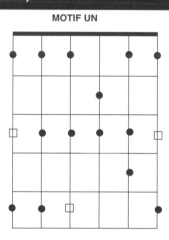
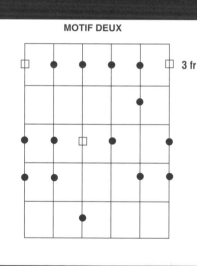
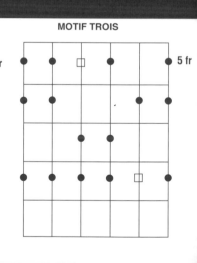

SOL (G) PENTATONIQUE MINEURE

MANCHE INTÉGRAL   MOTIF UN   MOTIF DEUX   MOTIF TROIS

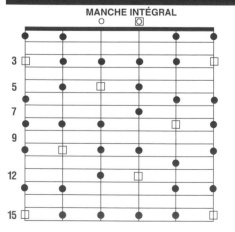
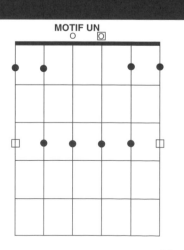
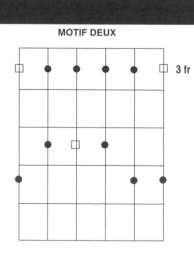
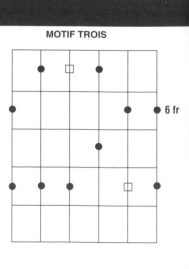

(G–A–B–C–D–E–F♯)

MOTIF QUATRE	MOTIF CINQ	MOTIF SIX	MOTIF SEPT

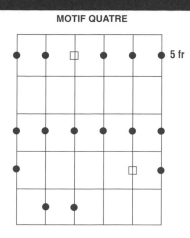 5 fr
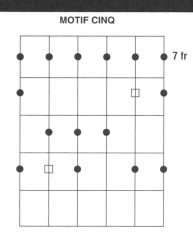 7 fr
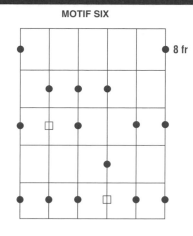 8 fr
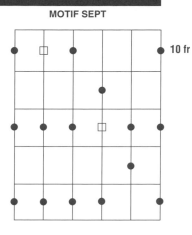 10 fr

(G–A–B–D–E)

MOTIF QUATRE	MOTIF CINQ	MOTIF UN (+1 OCTAVE)	MOTIF DEUX (+1 OCTAVE)

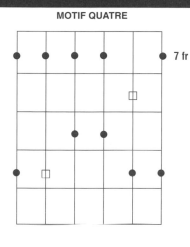 7 fr
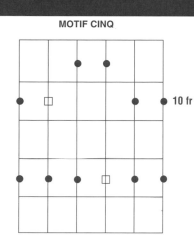 10 fr
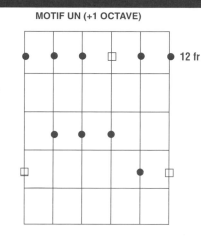 12 fr
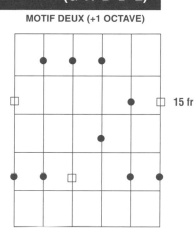 15 fr

(G–A–B♭–C–D–E♭–F)

MOTIF QUATRE	MOTIF CINQ	MOTIF SIX	MOTIF SEPT

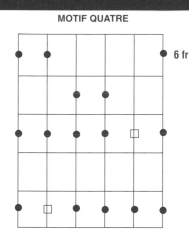 6 fr
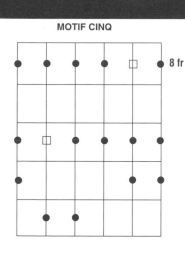 8 fr
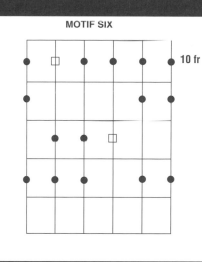 10 fr
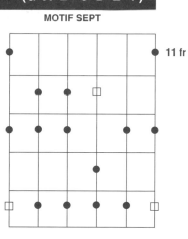 11 fr

(G–B♭–C–D–F)

MOTIF QUATRE	MOTIF CINQ	MOTIF UN (+1 OCTAVE)	MOTIF DEUX (+1 OCTAVE)

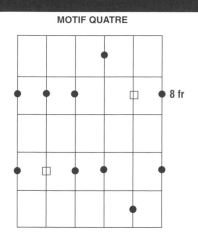 8 fr
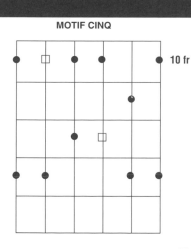 10 fr
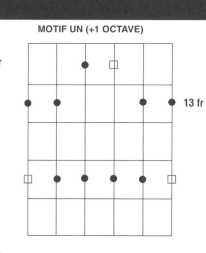 13 fr
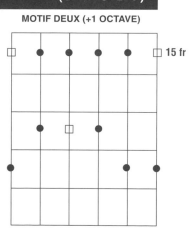 15 fr

SOL (G) BLUES

| MANCHE INTÉGRAL | MOTIF UN | MOTIF DEUX | MOTIF TROIS |

SOL (G) MIXOBLUES

| MANCHE INTÉGRAL | MOTIF UN | MOTIF DEUX | MOTIF TROIS |

SOL (G) MIXOLYDIEN

| MANCHE INTÉGRAL | MOTIF UN | MOTIF DEUX | MOTIF TROIS |

SOL (G) DORIEN

| MANCHE INTÉGRAL | MOTIF UN | MOTIF DEUX | MOTIF TROIS |

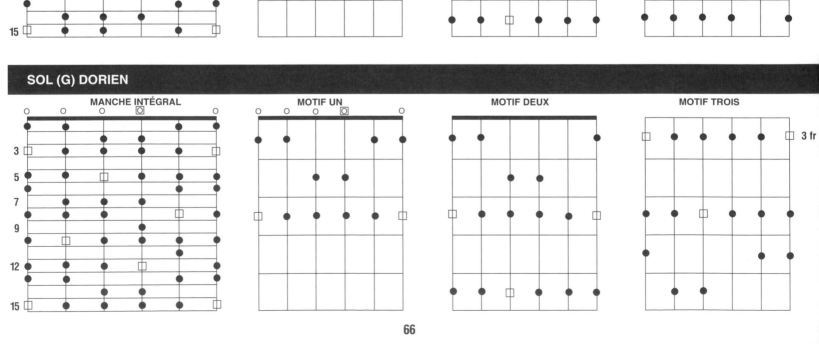

66

(G–B♭–C–D♭–D–F)

MOTIF QUATRE	MOTIF CINQ	MOTIF SIX	MOTIF UN (+1 OCTAVE)

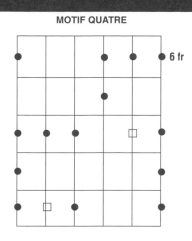 6 fr 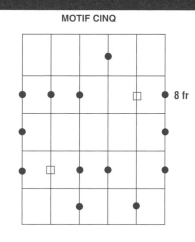 8 fr 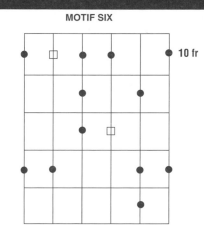 10 fr 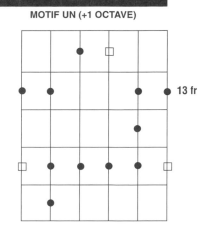 13 fr

(G–A–B♭–B–C–D♭–D–E–F)

MOTIF QUATRE	MOTIF CINQ	MOTIF SIX	MOTIF SEPT

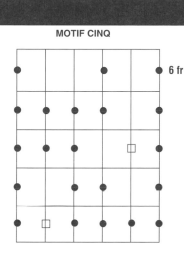 5 fr 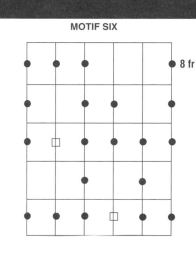 6 fr 8 fr 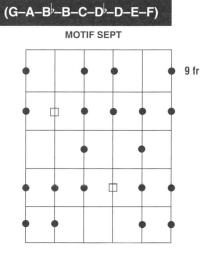 9 fr

(G–A–B–C–D–E–F)

MOTIF QUATRE	MOTIF CINQ	MOTIF SIX	MOTIF SEPT

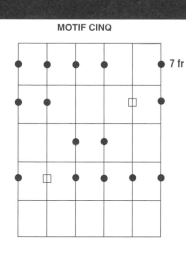 5 fr 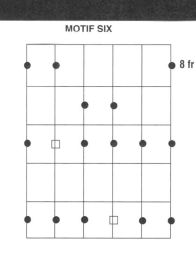 7 fr 8 fr 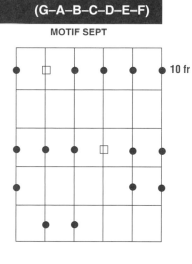 10 fr

(G–A–B♭–C–D–E–F)

MOTIF QUATRE	MOTIF CINQ	MOTIF SIX	MOTIF SEPT

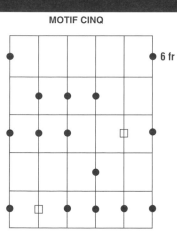 5 fr 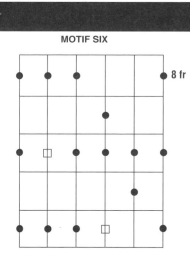 6 fr 8 fr 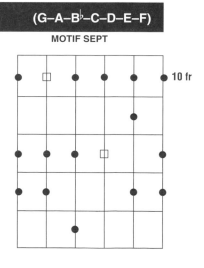 10 fr

SOL (G) MINEURE MÉLODIQUE

MANCHE INTÉGRAL	MOTIF UN	MOTIF DEUX	MOTIF TROIS

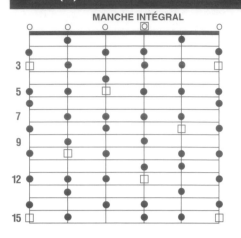
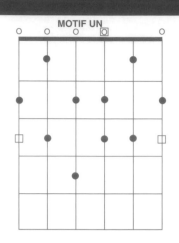
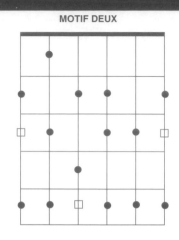
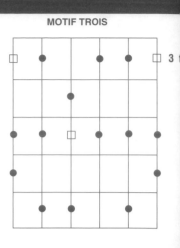

SOL (G) MINEURE HARMONIQUE

MANCHE INTÉGRAL	MOTIF UN	MOTIF DEUX	MOTIF TROIS

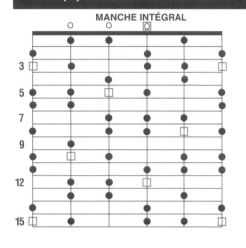
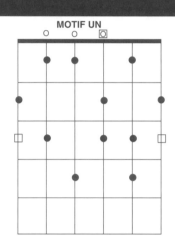
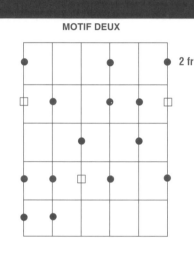
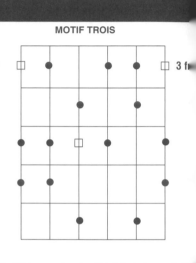

SOL (G) PHRYGIEN

MANCHE INTÉGRAL	MOTIF UN	MOTIF DEUX	MOTIF TROIS

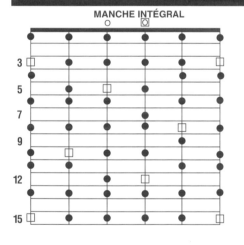
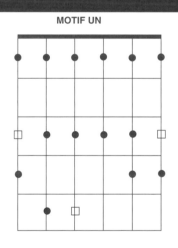
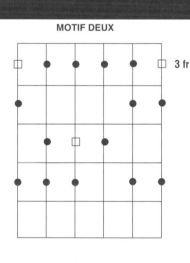
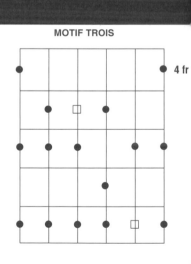

SOL (G) LOCRIEN

MANCHE INTÉGRAL	MOTIF UN	MOTIF DEUX	MOTIF TROIS

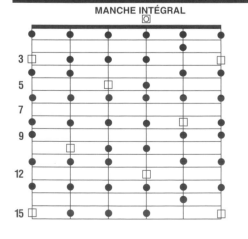
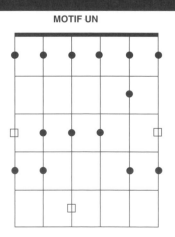
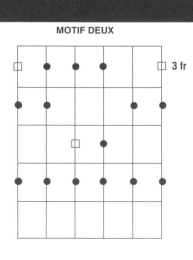
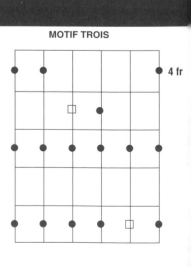

(G–A–B♭–C–D–E–F♯)

MOTIF QUATRE	MOTIF CINQ	MOTIF SIX	MOTIF SEPT

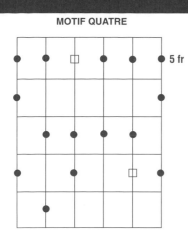 5 fr
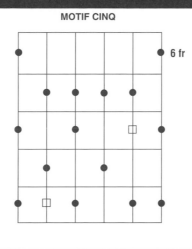 6 fr
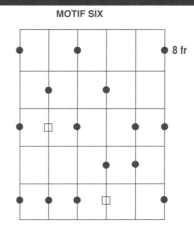 8 fr
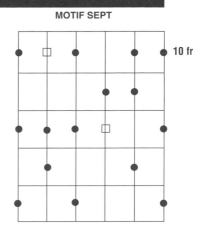 10 fr

(G–A–B♭–C–D–E♭–F♯)

MOTIF QUATRE	MOTIF CINQ	MOTIF SIX	MOTIF SEPT

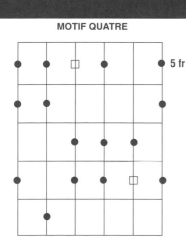 5 fr
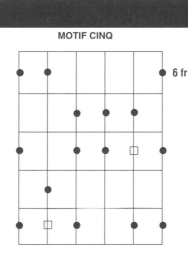 6 fr
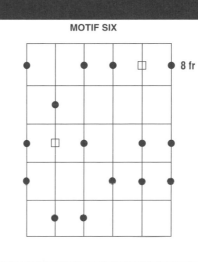 8 fr
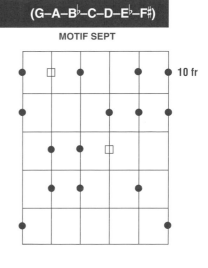 10 fr

(G–A♭–B♭–C–D–E♭–F)

MOTIF QUATRE	MOTIF CINQ	MOTIF SIX	MOTIF SEPT

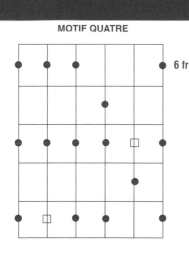 6 fr
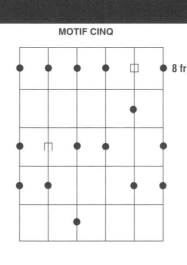 8 fr
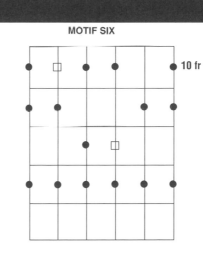 10 fr
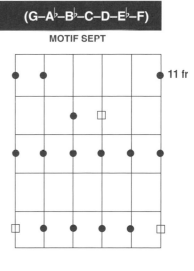 11 fr

(G–A♭–B♭–C–D♭–E♭–F)

MOTIF QUATRE	MOTIF CINQ	MOTIF SIX	MOTIF SEPT

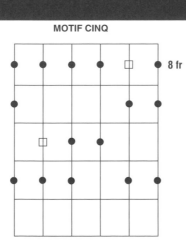 6 fr
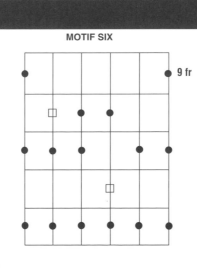 8 fr
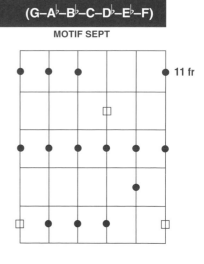 9 fr
11 fr

SOL (G) LYDIEN

SOL (G) DIMINUÉE (DEMI-TON/TON)

SOL (G) DIMINUÉE (TON/DEMI-TON)

SOL (G) CHROMATIQUE   (G–A♭–A–B♭–B–C–D♭–D–E♭–E–F–F♯)

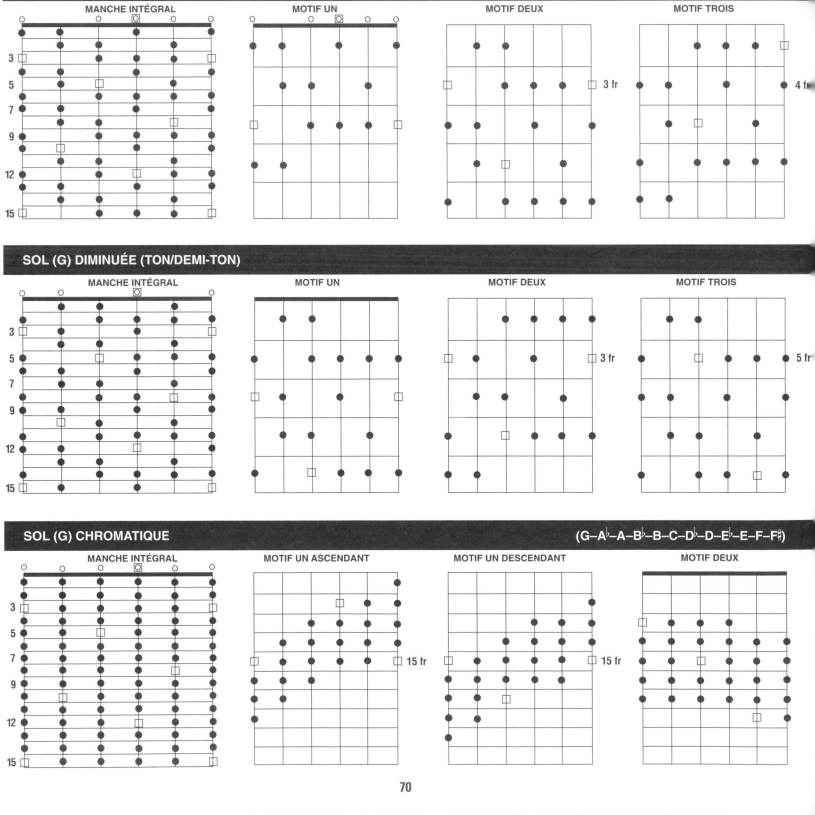

(G–A–B–C♯–D–E–F♯)

MOTIF QUATRE	MOTIF CINQ	MOTIF SIX	MOTIF SEPT

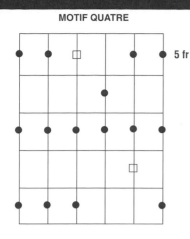 5 fr
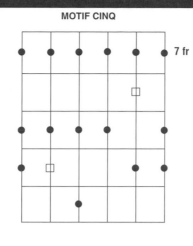 7 fr
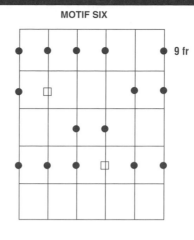 9 fr
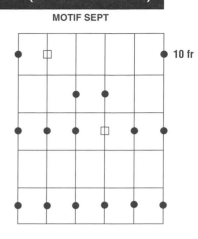 10 fr

(G–A♭–B♭–C♭–D♭–D–E–F)

MOTIF QUATRE	MOTIF CINQ	MOTIF SIX	MOTIF SEPT

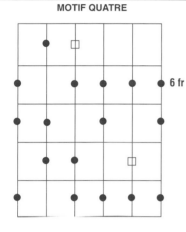 6 fr
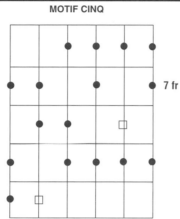 7 fr
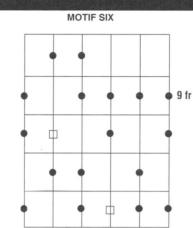 9 fr
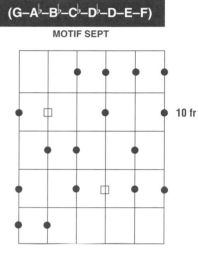 10 fr

(G–A–B♭–C–D♭–D♯–E–F♯)

MOTIF QUATRE	MOTIF CINQ	MOTIF SIX	MOTIF SEPT

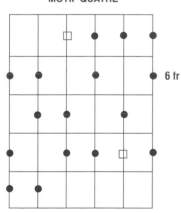 6 fr
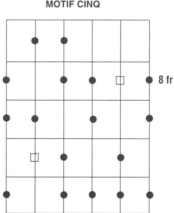 8 fr
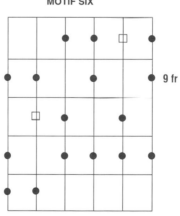 9 fr
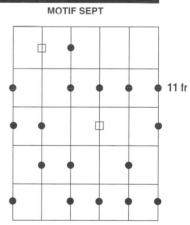 11 fr

SOL (G) TONALE

(G–A–B–C♯–D♯–E♯)

MANCHE INTÉGRAL	MOTIF UN	MOTIF DEUX	MOTIF TROIS

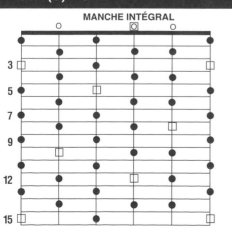
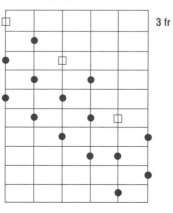 3 fr
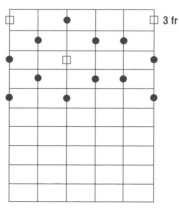 3 fr
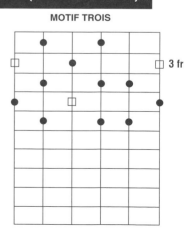 3 fr

LA (A)♭ MAJEURE (IONIEN)

MANCHE INTÉGRAL	MOTIF UN	MOTIF DEUX	MOTIF TROIS

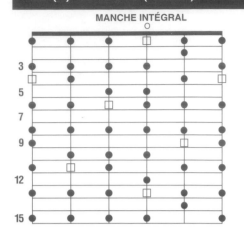 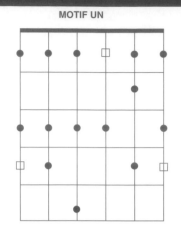 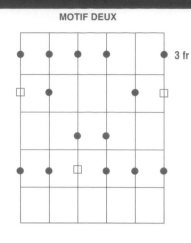 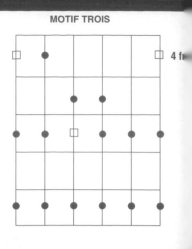

LA (A)♭ PENTATONIQUE MAJEURE

MANCHE INTÉGRAL	MOTIF UN	MOTIF DEUX	MOTIF TROIS

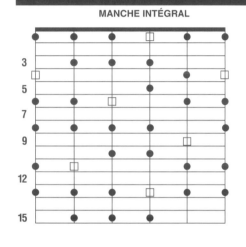 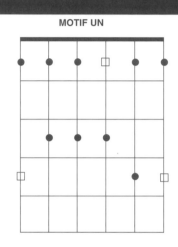 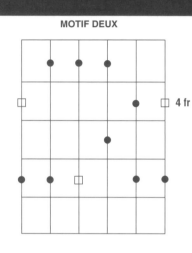 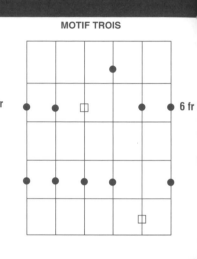

SOL (G)♯ MINEURE NATURELLE (ÉOLIEN)

MANCHE INTÉGRAL	MOTIF UN	MOTIF DEUX	MOTIF TROIS

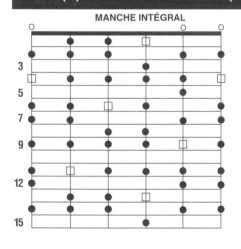 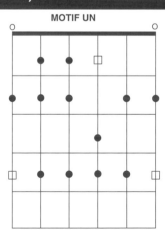 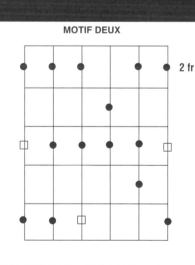 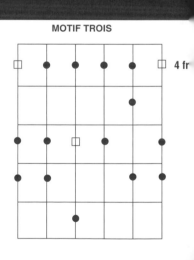

SOL (G)♯ PENTATONIQUE MINEURE

MANCHE INTÉGRAL	MOTIF UN	MOTIF DEUX	MOTIF TROIS

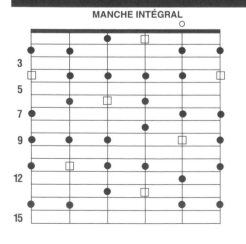 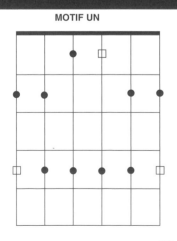 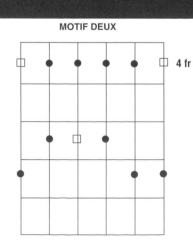 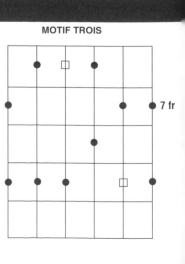

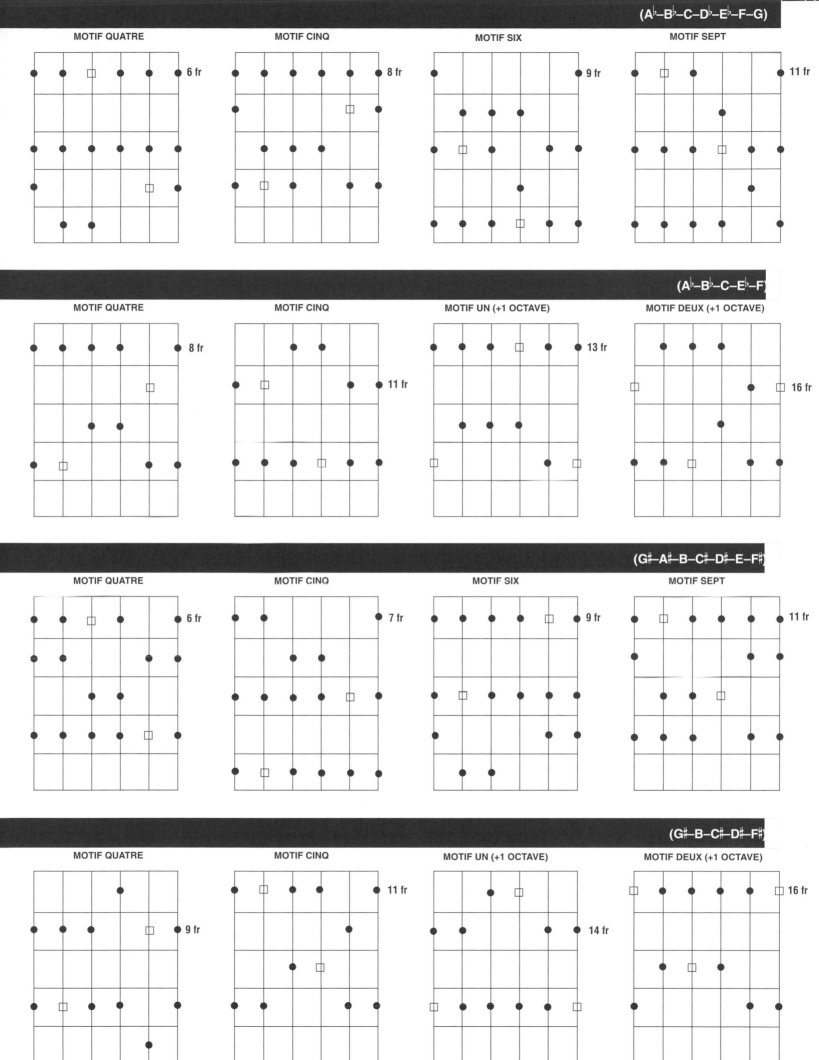

SOL (G)♯ BLUES

MANCHE INTÉGRAL	MOTIF UN	MOTIF DEUX	MOTIF TROIS

SOL (G)♯ MIXOBLUES

MANCHE INTÉGRAL	MOTIF UN	MOTIF DEUX	MOTIF TROIS

LA (A)♭ MIXOLYDIEN

MANCHE INTÉGRAL	MOTIF UN	MOTIF DEUX	MOTIF TROIS

SOL (G)♯ DORIEN

MANCHE INTÉGRAL	MOTIF UN	MOTIF DEUX	MOTIF TROIS

(G♯–B–C♯–D–D♯–F♯)

MOTIF QUATRE	MOTIF CINQ	MOTIF SIX	MOTIF UN (+1 OCTAVE)

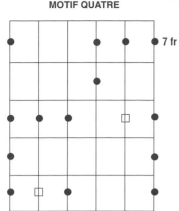 7 fr
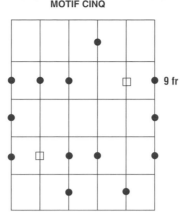 9 fr
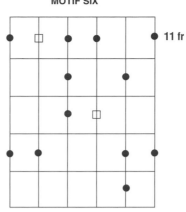 11 fr
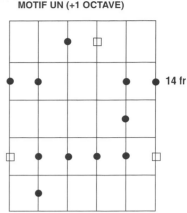 14 fr

(G♯–A♯–B–B♯–C♯–D–D♯–E♯–F♯)

MOTIF QUATRE	MOTIF CINQ	MOTIF SIX	MOTIF SEPT

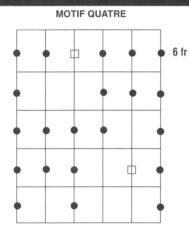 6 fr
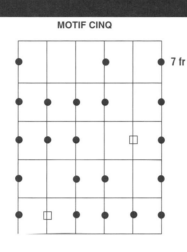 7 fr
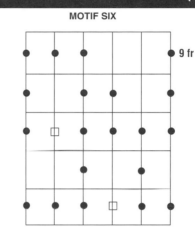 9 fr
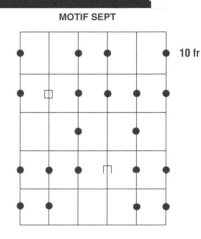 10 fr

(A♭–B♭–C–D♭–E♭–F–G♭)

MOTIF QUATRE	MOTIF CINQ	MOTIF SIX	MOTIF SEPT

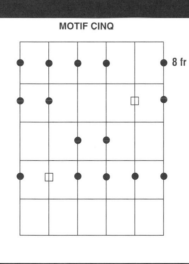 6 fr
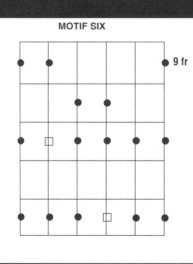 8 fr
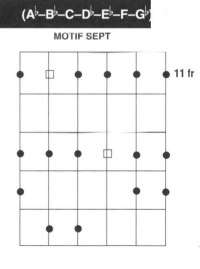 9 fr
9 fr... 11 fr

(G♯–A♯–B–C♯–D♯–E♯–F♯)

MOTIF QUATRE	MOTIF CINQ	MOTIF SIX	MOTIF SEPT

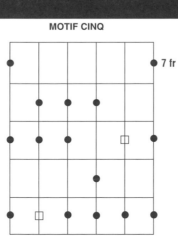 6 fr
7 fr
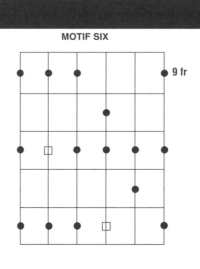 9 fr
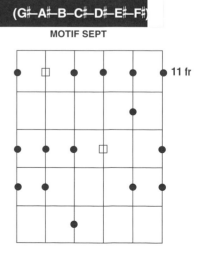 11 fr

LA (A)♭ MINEURE MÉLODIQUE

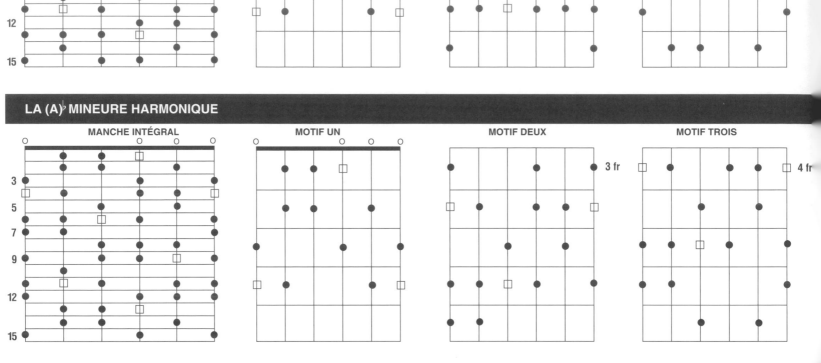

LA (A)♭ MINEURE HARMONIQUE

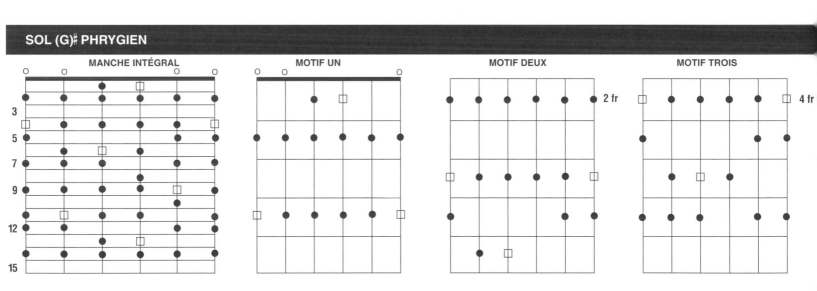

SOL (G)# PHRYGIEN

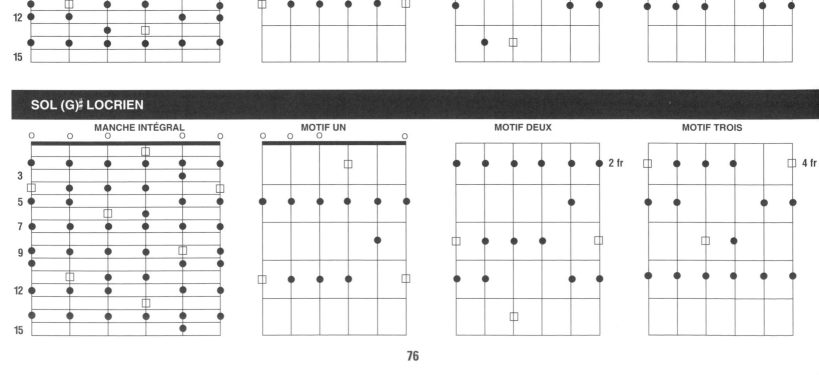

SOL (G)# LOCRIEN

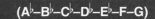

(A♭–B♭–C♭–D♭–E♭–F–G)

MOTIF QUATRE	MOTIF CINQ	MOTIF SIX	MOTIF SEPT

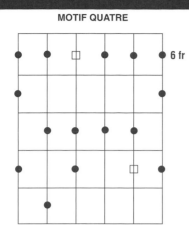 6 fr
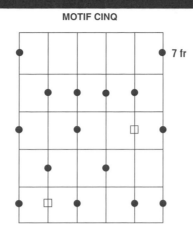 7 fr
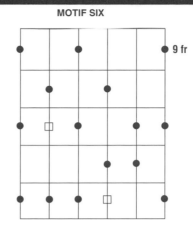 9 fr
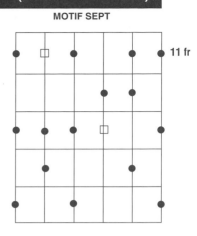 11 fr

(A♭–B♭–C♭–D♭–E♭–F♭–G)

MOTIF QUATRE	MOTIF CINQ	MOTIF SIX	MOTIF SEPT

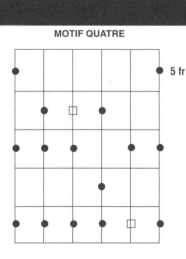 6 fr
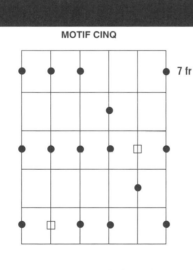 7 fr
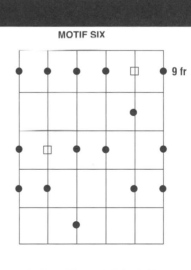 9 fr
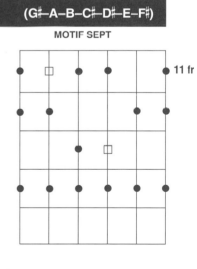 11 fr

(G♯–A–B–C♯–D♯–E–F♯)

MOTIF QUATRE	MOTIF CINQ	MOTIF SIX	MOTIF SEPT

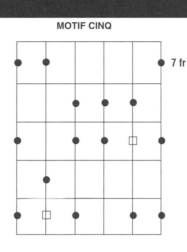 5 fr
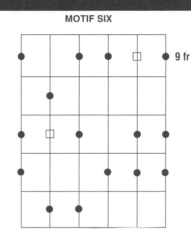 7 fr
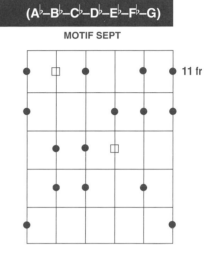 9 fr
11 fr

(G♯–A–B–C♯–D–E–F♯)

MOTIF QUATRE	MOTIF CINQ	MOTIF SIX	MOTIF SEPT

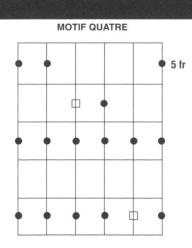 5 fr
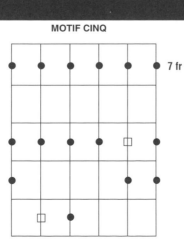 7 fr
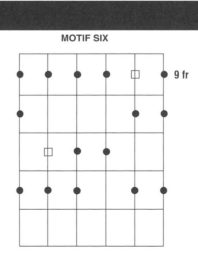 9 fr
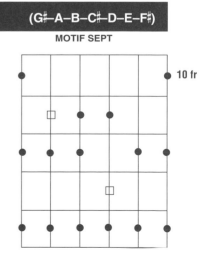 10 fr

77

LA (A)♭ LYDIEN

MANCHE INTÉGRAL	MOTIF UN	MOTIF DEUX	MOTIF TROIS

LA (A)♭ DIMINUÉE (DEMI-TON/TON)

MANCHE INTÉGRAL	MOTIF UN	MOTIF DEUX	MOTIF TROIS

LA (A)♭ DIMINUÉE (TON/DEMI-TON)

MANCHE INTÉGRAL	MOTIF UN	MOTIF DEUX	MOTIF TROIS

LA (A)♭ CHROMATIQUE

(A♭–B♭♭–B♭–C♭–C–D♭–E♭♭–E♭–F♭–F–G♭–G)

MANCHE INTÉGRAL	MOTIF UN ASCENDANT	MOTIF UN DESCENDANT	MOTIF DEUX

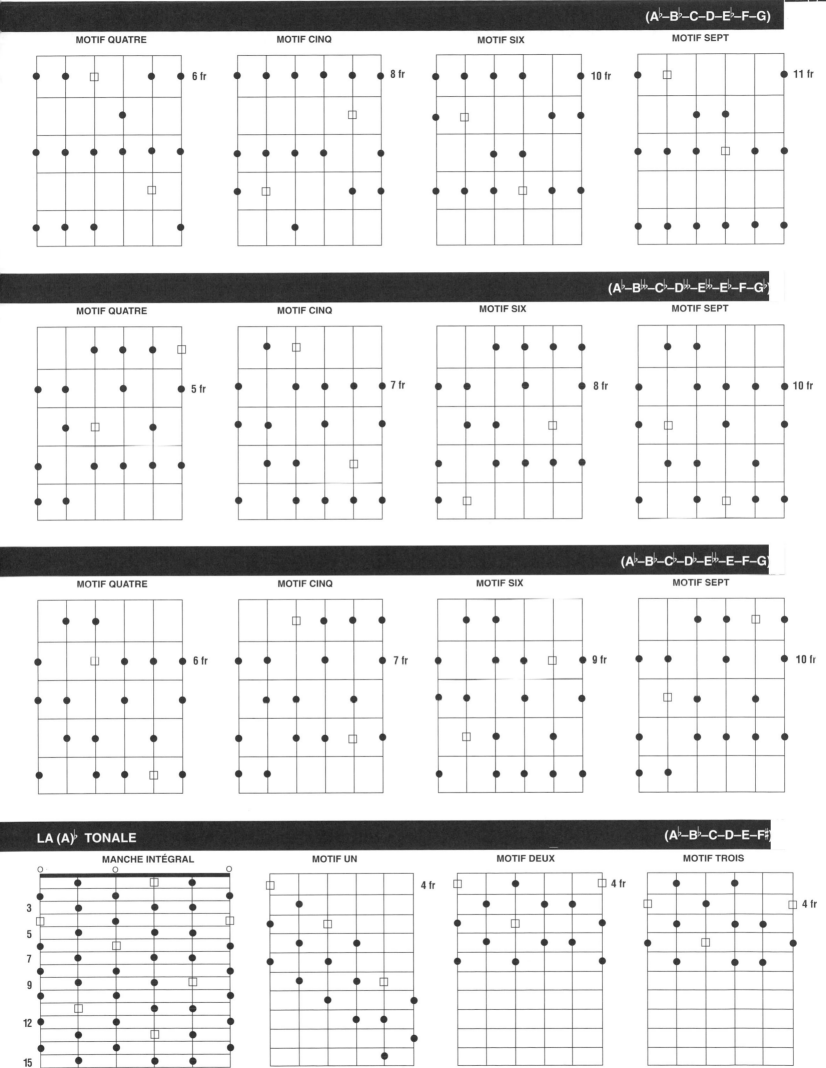

LA (A) MAJEURE (IONIEN)

MANCHE INTÉGRAL	MOTIF UN	MOTIF DEUX	MOTIF TROIS

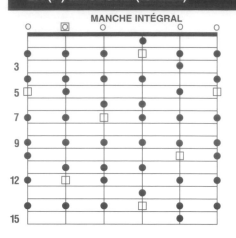
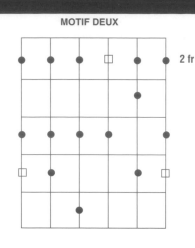
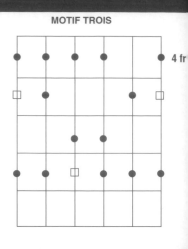

2 fr

4 fr

LA (A) PENTATONIQUE MAJEURE

MANCHE INTÉGRAL	MOTIF UN	MOTIF DEUX	MOTIF TROIS

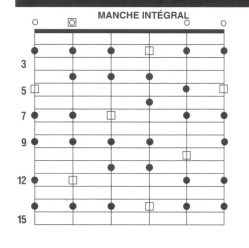
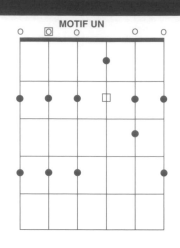
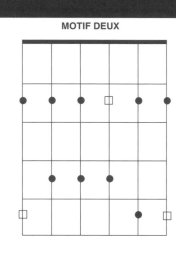
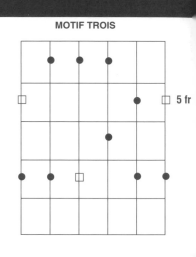

5 fr

LA (A) MINEURE NATURELLE (ÉOLIEN)

MANCHE INTÉGRAL	MOTIF UN	MOTIF DEUX	MOTIF TROIS

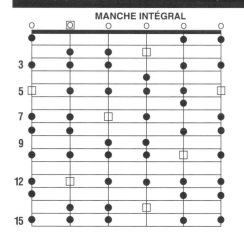
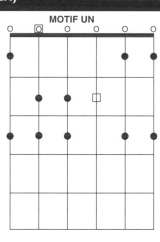
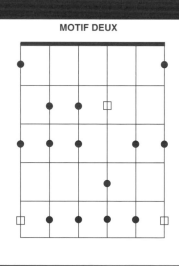
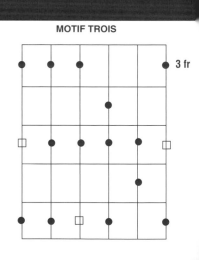

3 fr

LA (A) PENTATONIQUE MINEURE

MANCHE INTÉGRAL	MOTIF UN	MOTIF DEUX	MOTIF TROIS

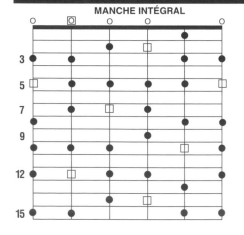
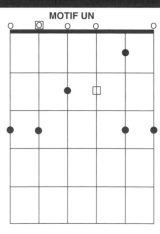
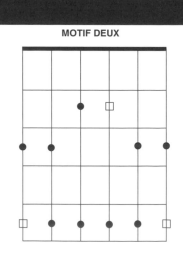
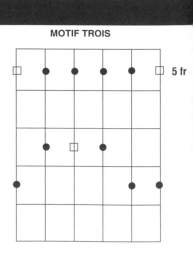

5 fr

(A–B–C♯–D–E–F♯–G♯)

MOTIF QUATRE	MOTIF CINQ	MOTIF SIX	MOTIF SEPT

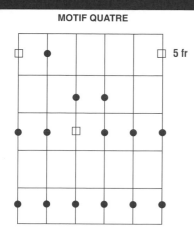 5 fr
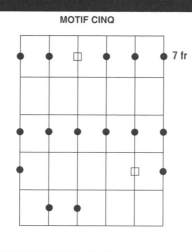 7 fr
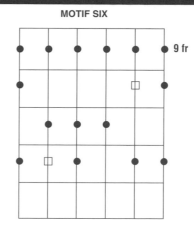 9 fr
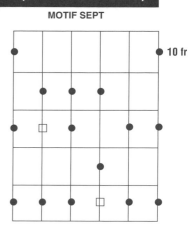 10 fr

(A–B–C♯–E–F♯)

MOTIF QUATRE	MOTIF CINQ	MOTIF UN (+1 OCTAVE)	MOTIF DEUX (+1 OCTAVE)

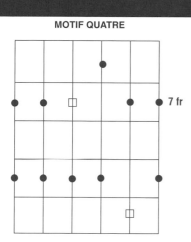 7 fr
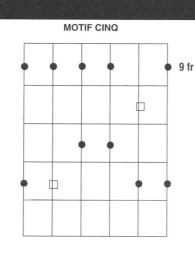 9 fr
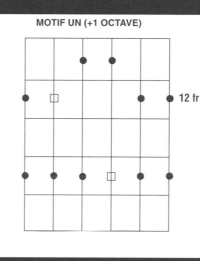 12 fr
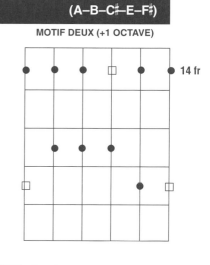 14 fr

(A–B–C–D–E–F–G)

MOTIF QUATRE	MOTIF CINQ	MOTIF SIX	MOTIF SEPT

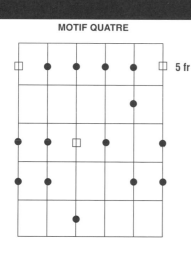 5 fr
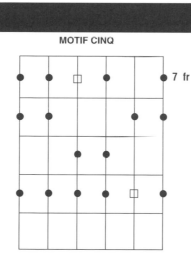 7 fr
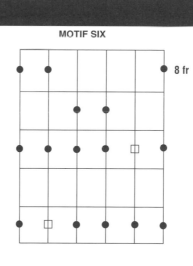 8 fr
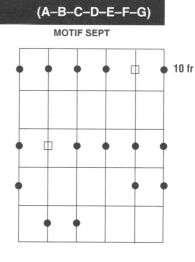 10 fr

(A–C–D–E–G)

MOTIF QUATRE	MOTIF CINQ	MOTIF UN (+1 OCTAVE)	MOTIF DEUX (+1 OCTAVE)

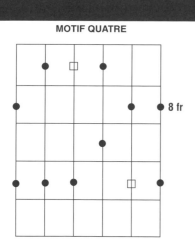 8 fr
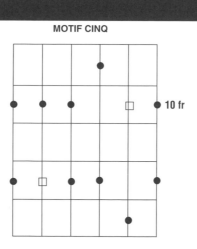 10 fr
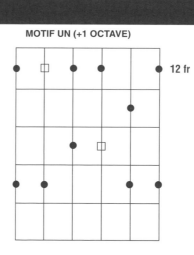 12 fr
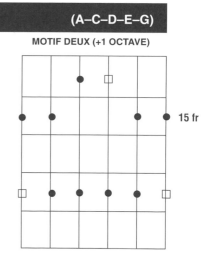 15 fr

LA (A) BLUES

MANCHE INTÉGRAL **MOTIF UN** **MOTIF DEUX** **MOTIF TROIS**

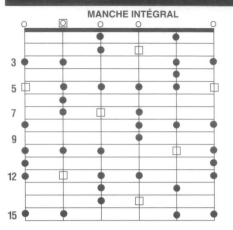
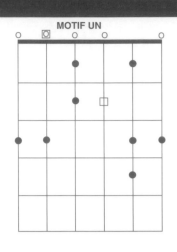
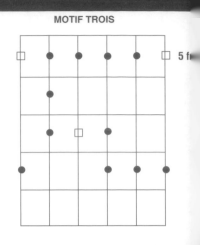

LA (A) MIXOBLUES

MANCHE INTÉGRAL **MOTIF UN** **MOTIF DEUX** **MOTIF TROIS**

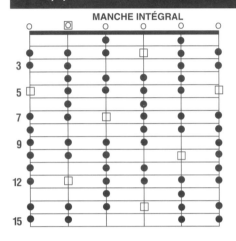
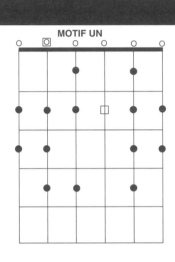
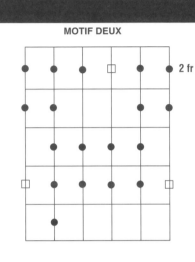
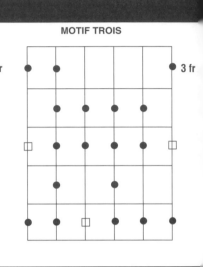

LA (A) MIXOLYDIEN

MANCHE INTÉGRAL **MOTIF UN** **MOTIF DEUX** **MOTIF TROIS**

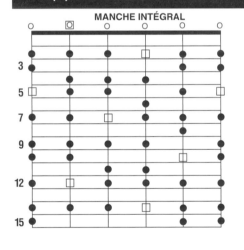
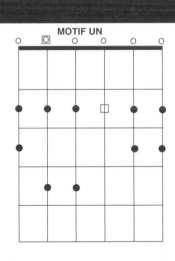
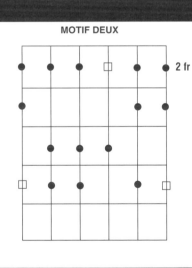
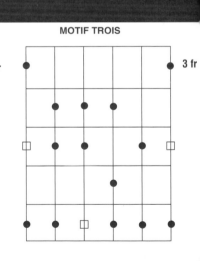

LA (A) DORIEN

MANCHE INTÉGRAL **MOTIF UN** **MOTIF DEUX** **MOTIF TROIS**

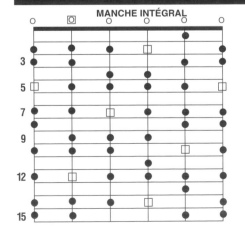
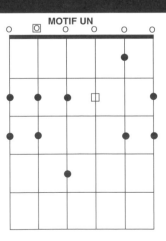
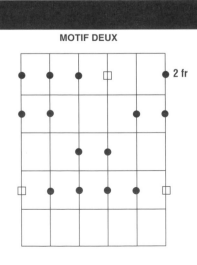
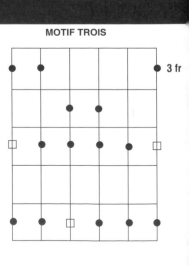

(A–C–D–E♭–E–G)

| MOTIF QUATRE | MOTIF CINQ | MOTIF SIX | MOTIF UN (+1 OCTAVE) |

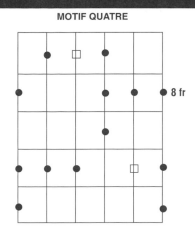
8 fr

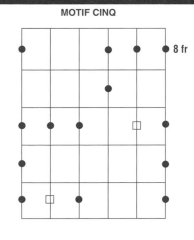
8 fr

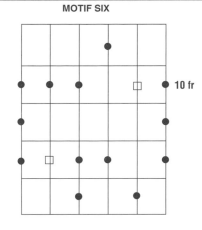
10 fr

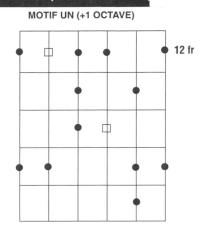
12 fr

(A–B–C–C♯–D–E♭–E–F♯–G)

| MOTIF QUATRE | MOTIF CINQ | MOTIF SIX | MOTIF SEPT |

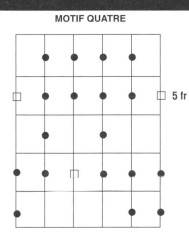
5 fr

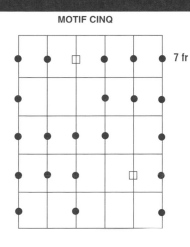
7 fr

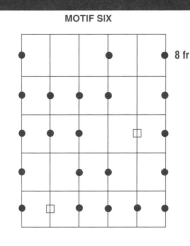
8 fr

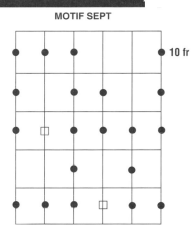
10 fr

(A–B–C♯–D–E–F♯–G)

| MOTIF QUATRE | MOTIF CINQ | MOTIF SIX | MOTIF SEPT |

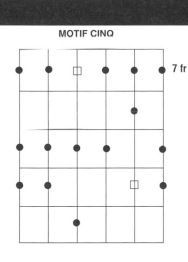
5 fr

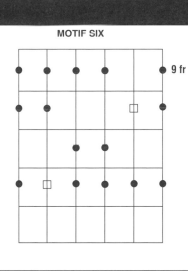
7 fr

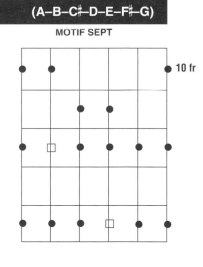
9 fr
10 fr

(A–B–C–D–E–F♯–G)

| MOTIF QUATRE | MOTIF CINQ | MOTIF SIX | MOTIF SEPT |

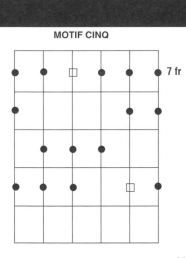
5 fr

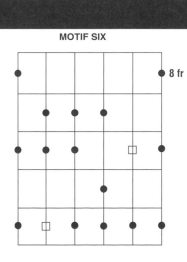
7 fr

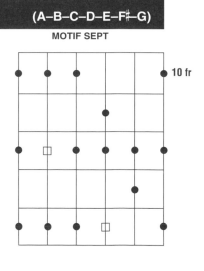
8 fr
10 fr

LA (A) MINEURE MÉLODIQUE

MANCHE INTÉGRAL	MOTIF UN	MOTIF DEUX	MOTIF TROIS

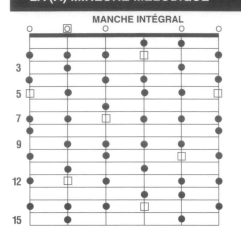
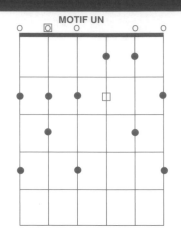
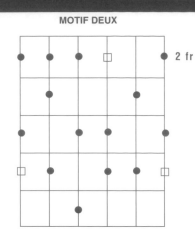
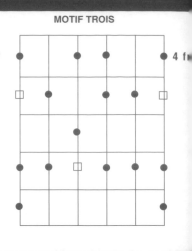

LA (A) MINEURE HARMONIQUE

MANCHE INTÉGRAL	MOTIF UN	MOTIF DEUX	MOTIF TROIS

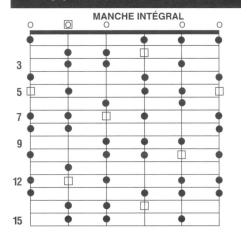
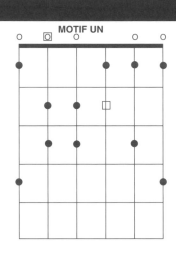
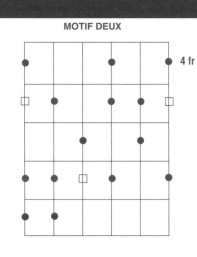
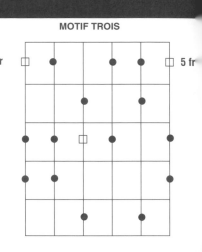

LA (A) PHRYGIEN

MANCHE INTÉGRAL	MOTIF UN	MOTIF DEUX	MOTIF TROIS

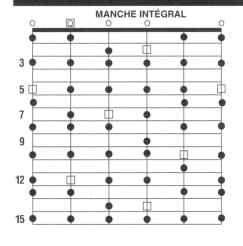
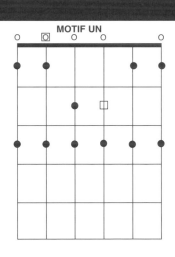
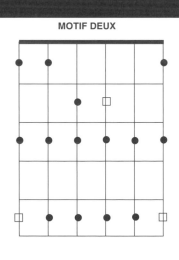
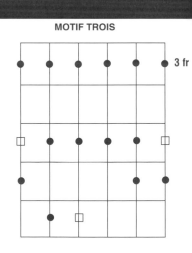

LA (A) LOCRIEN

MANCHE INTÉGRAL	MOTIF UN	MOTIF DEUX	MOTIF TROIS

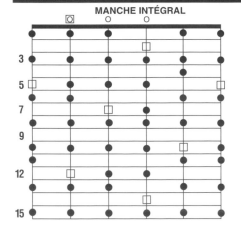
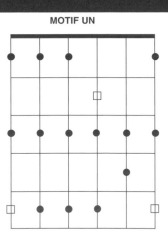
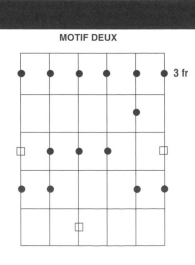
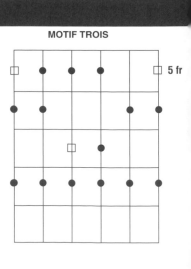

84

(A–B–C–D–E–F♯–G♯)

MOTIF QUATRE	MOTIF CINQ	MOTIF SIX	MOTIF SEPT

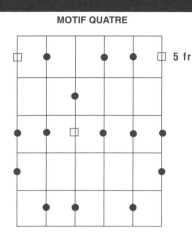 5 fr 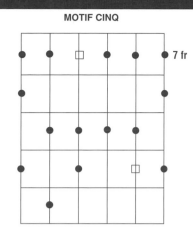 7 fr 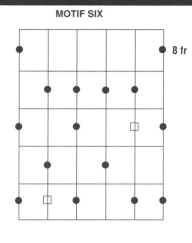 8 fr 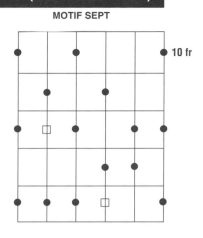 10 fr

(A–B–C–D–E–F–G♯)

MOTIF QUATRE	MOTIF CINQ	MOTIF SIX	MOTIF SEPT

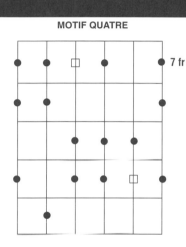 7 fr 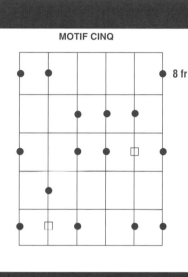 8 fr 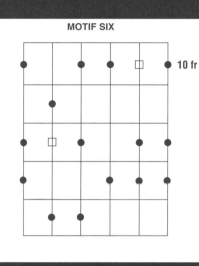 10 fr 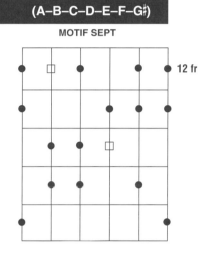 12 fr

(A–B♭–C–D–E–F–G)

MOTIF QUATRE	MOTIF CINQ	MOTIF SIX	MOTIF SEPT

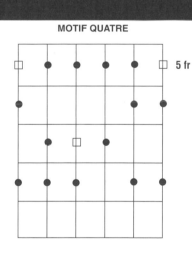 5 fr 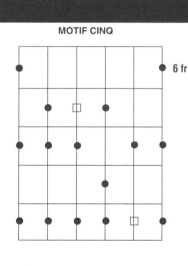 6 fr 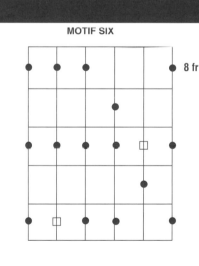 8 fr 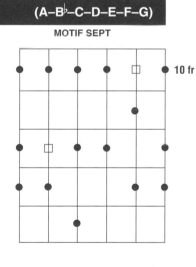 10 fr

(A–B♭–C–D–E♭–F–G)

MOTIF QUATRE	MOTIF CINQ	MOTIF SIX	MOTIF SEPT

6 fr 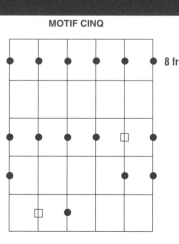 8 fr 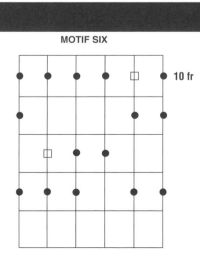 10 fr 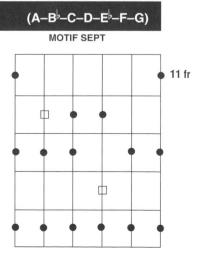 11 fr

LA (A) LYDIEN

MANCHE INTÉGRAL	MOTIF UN	MOTIF DEUX	MOTIF TROIS

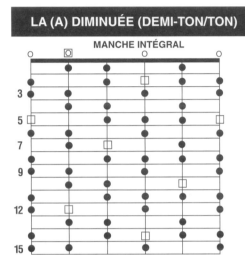
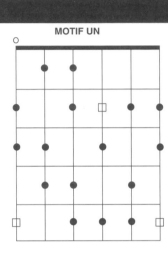
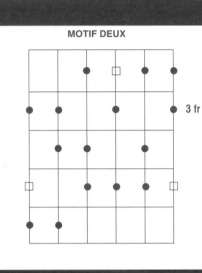
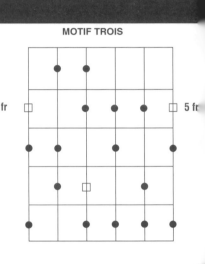

LA (A) DIMINUÉE (DEMI-TON/TON)

MANCHE INTÉGRAL	MOTIF UN	MOTIF DEUX	MOTIF TROIS

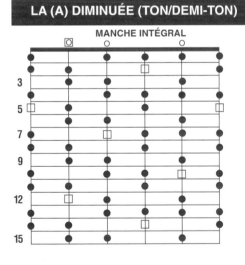
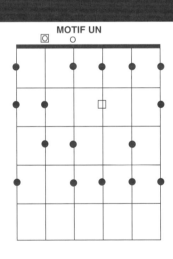
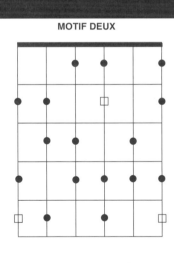
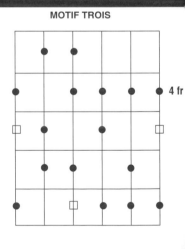

LA (A) DIMINUÉE (TON/DEMI-TON)

MANCHE INTÉGRAL	MOTIF UN	MOTIF DEUX	MOTIF TROIS

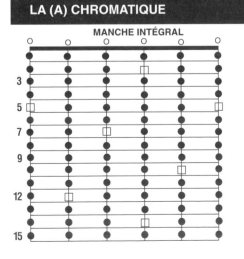
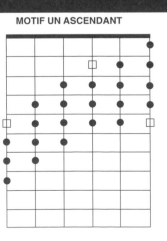
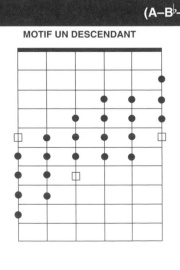
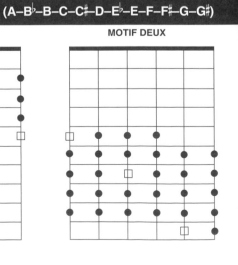

LA (A) CHROMATIQUE (A–B♭–B–C–C♯–D–E♭–E–F–F♯–G–G♯)

MANCHE INTÉGRAL	MOTIF UN ASCENDANT	MOTIF UN DESCENDANT	MOTIF DEUX

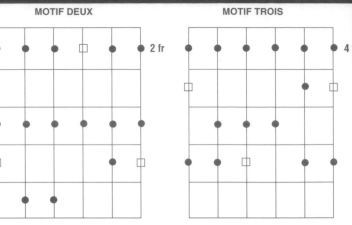

(A–B–C♯–D♯–E–F♯–G♯)

MOTIF QUATRE	MOTIF CINQ	MOTIF SIX	MOTIF SEPT

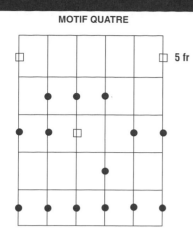 5 fr
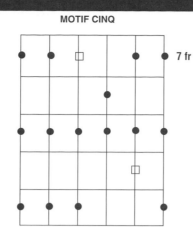 7 fr
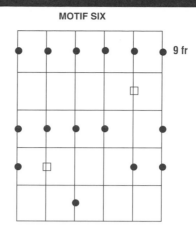 9 fr
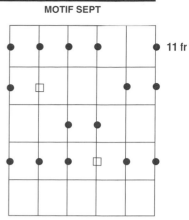 11 fr

(A–B♭–C–D–E♭–E–F♯–G)

MOTIF QUATRE	MOTIF CINQ	MOTIF SIX	MOTIF SEPT

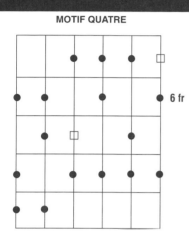 6 fr
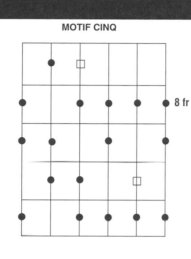 8 fr
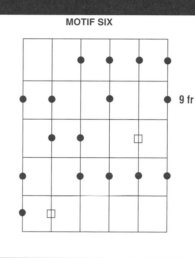 9 fr
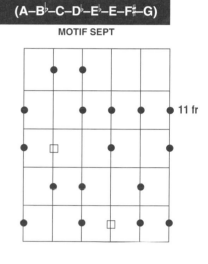 11 fr

(A–B–C–D–E♭–E♯–F♯–G♯)

MOTIF QUATRE	MOTIF CINQ	MOTIF SIX	MOTIF SEPT

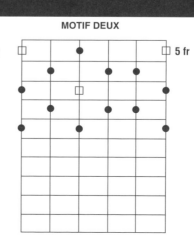 5 fr
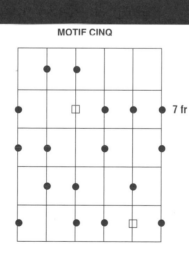 7 fr
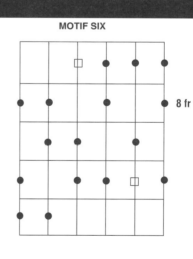 8 fr
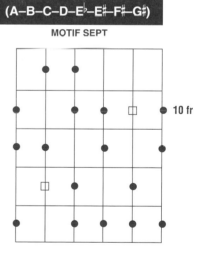 10 fr

LA (A) TONALE

(A–B–C♯–D♯–E–F♯–F𝄪)

MANCHE INTÉGRAL	MOTIF UN	MOTIF DEUX	MOTIF TROIS

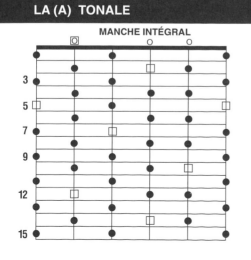
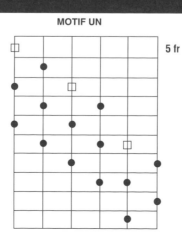 5 fr
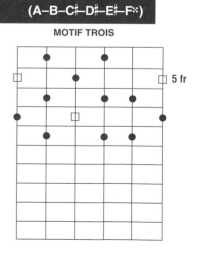 5 fr
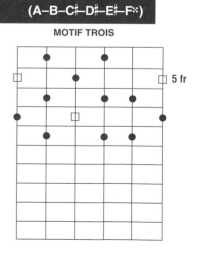 5 fr

87

SI (B)♭ MAJEURE (IONIEN)

MANCHE INTÉGRAL	MOTIF UN	MOTIF DEUX	MOTIF TROIS

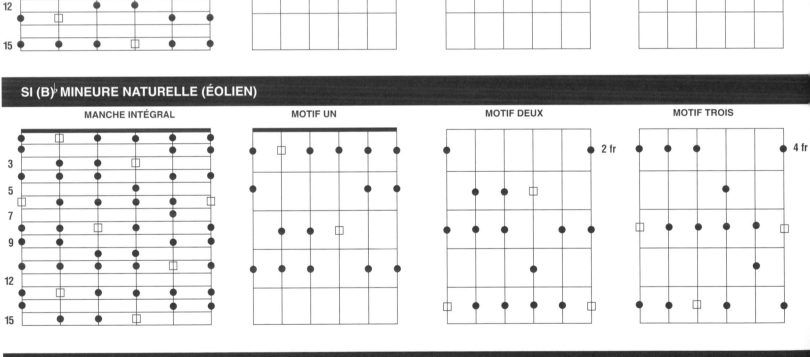

SI (B)♭ PENTATONIQUE MAJEURE

MANCHE INTÉGRAL	MOTIF UN	MOTIF DEUX	MOTIF TROIS

SI (B)♭ MINEURE NATURELLE (ÉOLIEN)

MANCHE INTÉGRAL	MOTIF UN	MOTIF DEUX	MOTIF TROIS

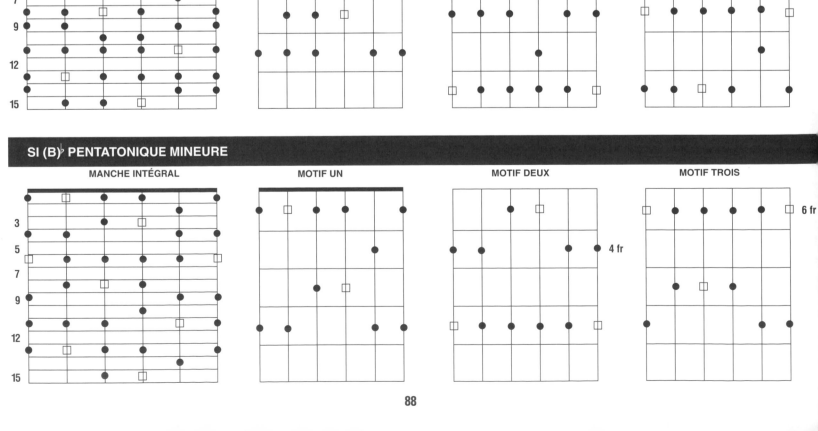

SI (B)♭ PENTATONIQUE MINEURE

MANCHE INTÉGRAL	MOTIF UN	MOTIF DEUX	MOTIF TROIS

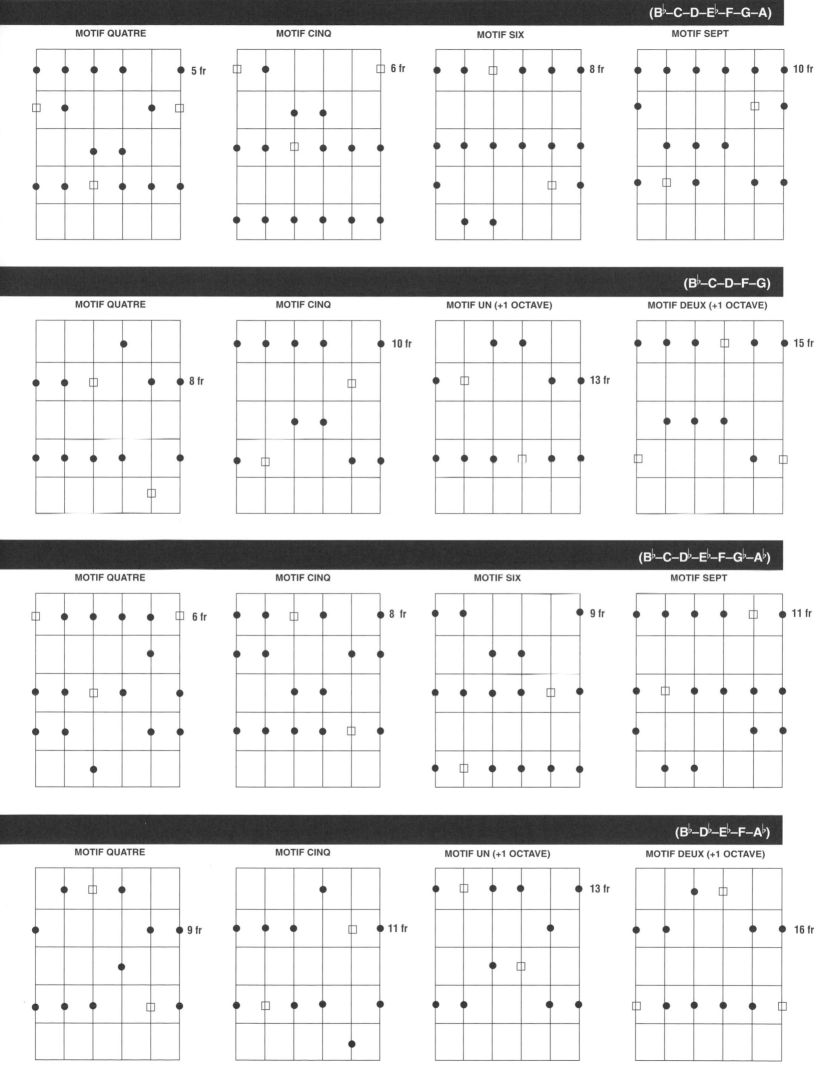

SI (B)♭ BLUES

| MANCHE INTÉGRAL | MOTIF UN | MOTIF DEUX | MOTIF TROIS |

SI (B)♭ MIXOBLUES

| MANCHE INTÉGRAL | MOTIF UN | MOTIF DEUX | MOTIF TROIS |

SI (B)♭ MIXOLYDIEN

| MANCHE INTÉGRAL | MOTIF UN | MOTIF DEUX | MOTIF TROIS |

SI (B)♭ DORIEN

| MANCHE INTÉGRAL | MOTIF UN | MOTIF DEUX | MOTIF TROIS |

90

La (A)#/
Si (B)♭

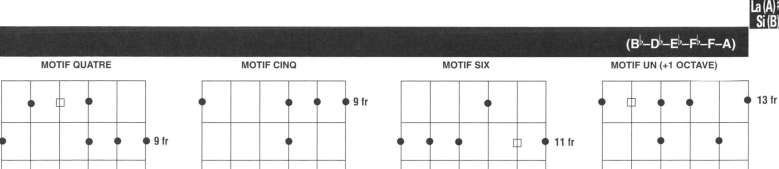

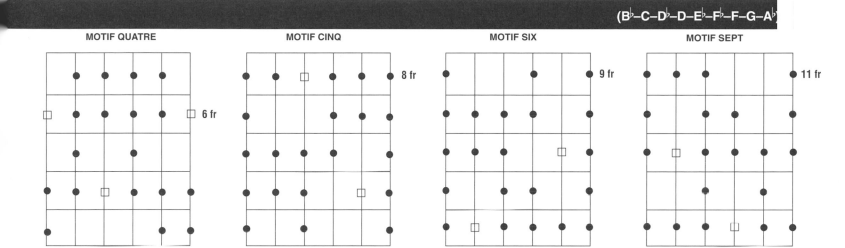

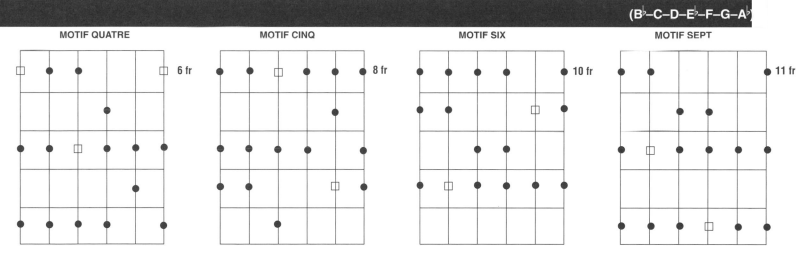

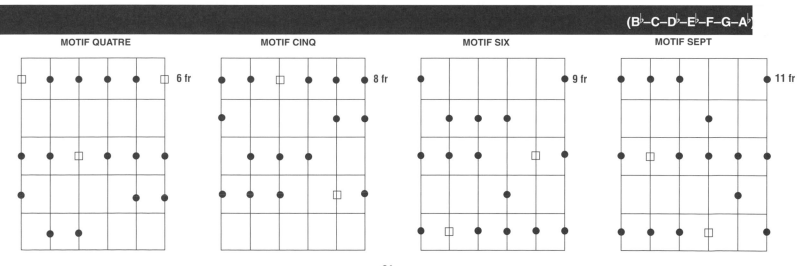

SI (B)♭ MINEURE MÉLODIQUE

MANCHE INTÉGRAL	MOTIF UN	MOTIF DEUX	MOTIF TROIS

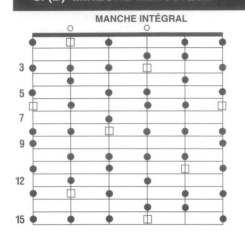 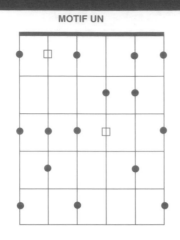 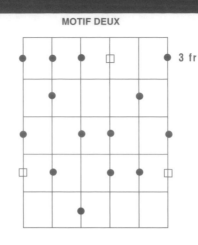 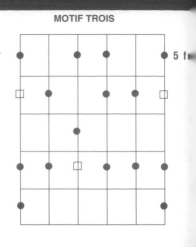

SI (B)♭ MINEURE HARMONIQUE

MANCHE INTÉGRAL	MOTIF UN	MOTIF DEUX	MOTIF TROIS

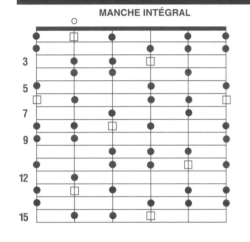 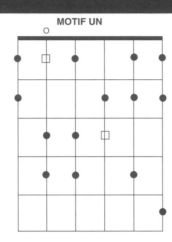 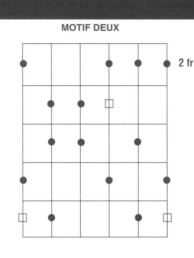 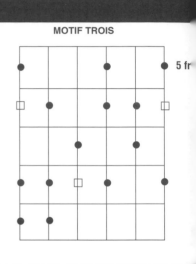

SI (B)♭ PHRYGIEN

MANCHE INTÉGRAL	MOTIF UN	MOTIF DEUX	MOTIF TROIS

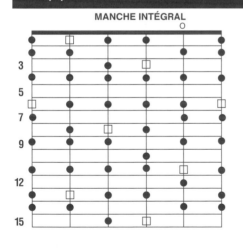 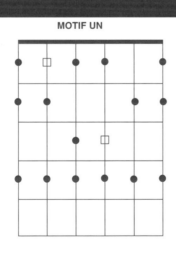 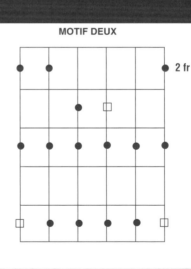 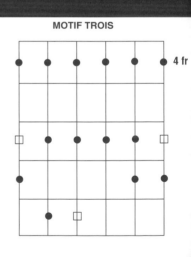

LA (A)♯ LOCRIEN

MANCHE INTÉGRAL	MOTIF UN	MOTIF DEUX	MOTIF TROIS

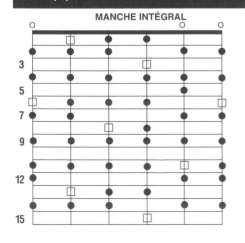 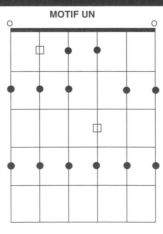 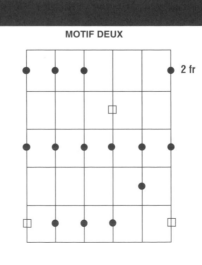 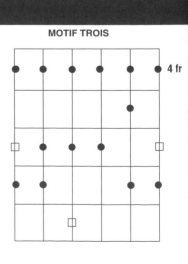

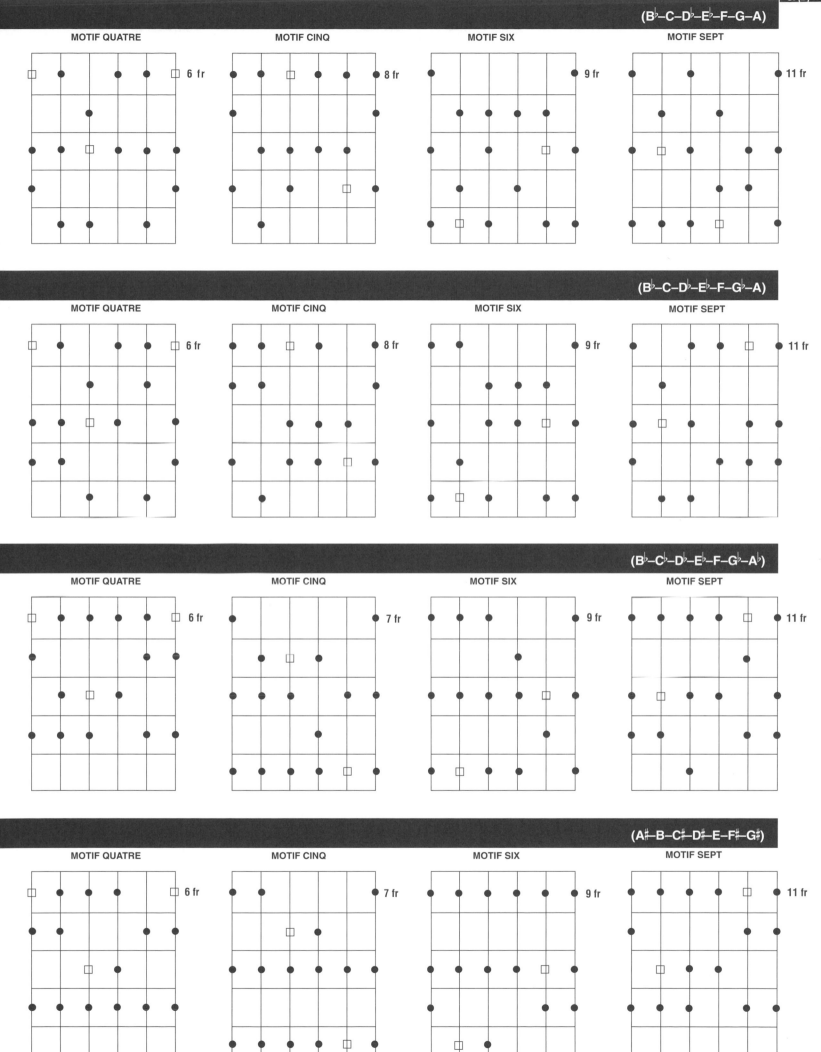

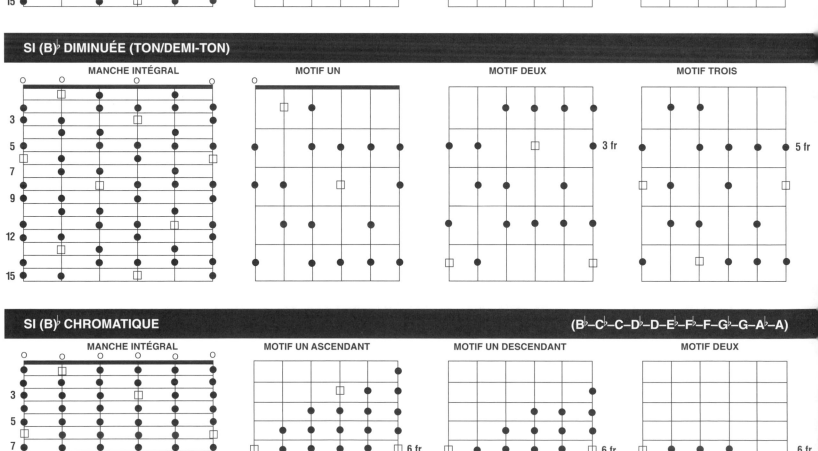

SI (B♭) LYDIEN

MANCHE INTÉGRAL MOTIF UN MOTIF DEUX MOTIF TROIS

SI (B♭) DIMINUÉE (DEMI-TON/TON)

MANCHE INTÉGRAL MOTIF UN MOTIF DEUX MOTIF TROIS

SI (B♭) DIMINUÉE (TON/DEMI-TON)

MANCHE INTÉGRAL MOTIF UN MOTIF DEUX MOTIF TROIS

SI (B♭) CHROMATIQUE   (B♭–C♭–C–D♭–D–E♭–F♭–F–G♭–G–A♭–A)

MANCHE INTÉGRAL MOTIF UN ASCENDANT MOTIF UN DESCENDANT MOTIF DEUX

94

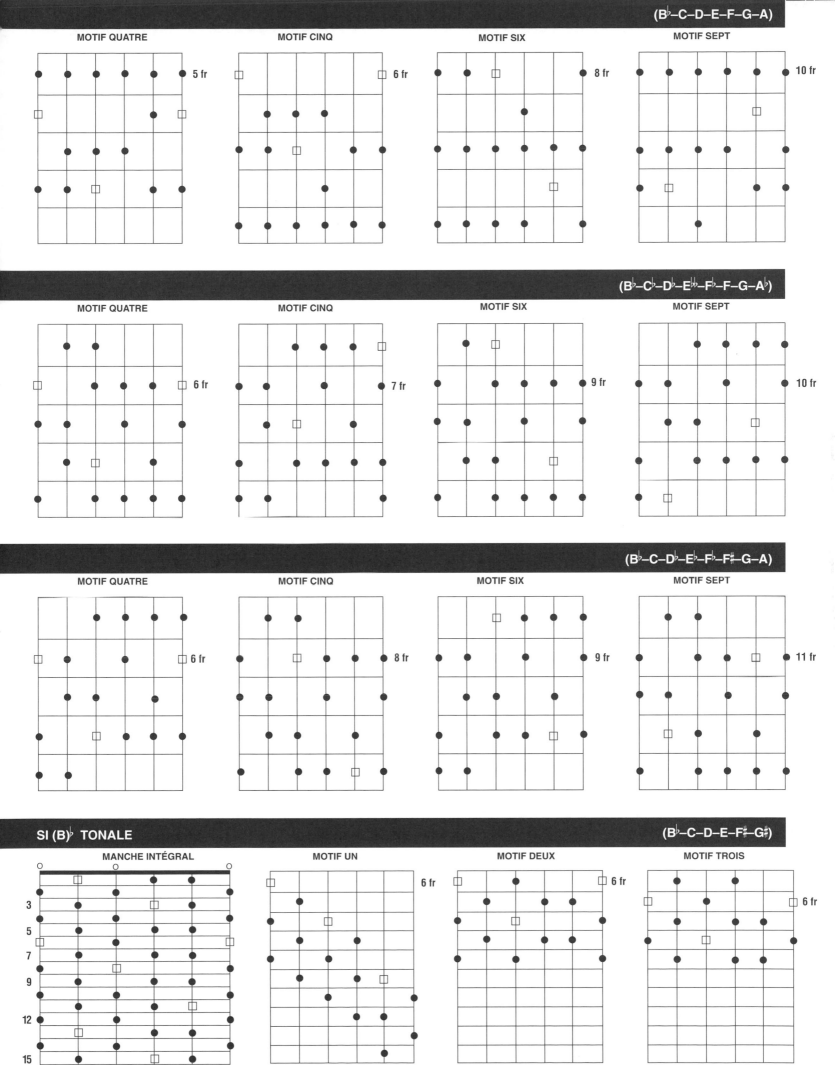

SI (B) MAJEURE (IONIEN)

MANCHE INTÉGRAL

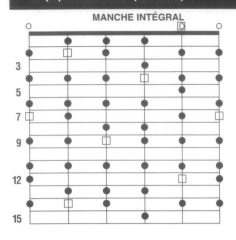

MOTIF UN

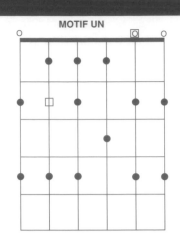

MOTIF DEUX

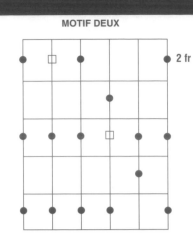

MOTIF TROIS

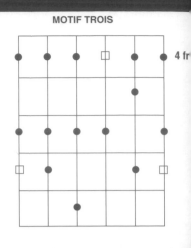

SI (B) PENTATONIQUE MAJEURE

MANCHE INTÉGRAL

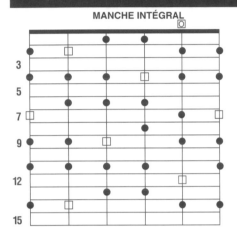

MOTIF UN

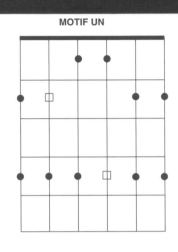

MOTIF DEUX

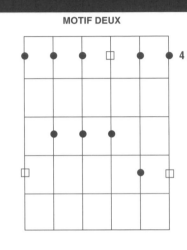

MOTIF TROIS

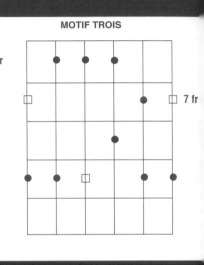

SI (B) MINEURE NATURELLE (ÉOLIEN)

MANCHE INTÉGRAL

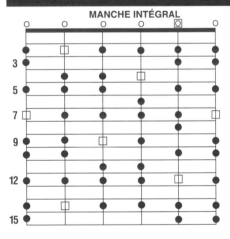

MOTIF UN

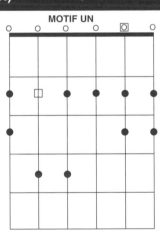

MOTIF DEUX

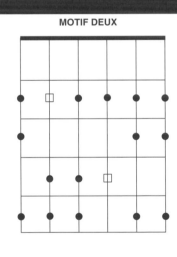

MOTIF TROIS

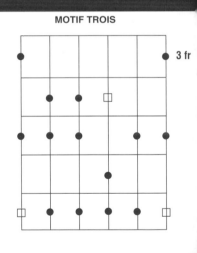

SI (B) PENTATONIQUE MINEURE

MANCHE INTÉGRAL

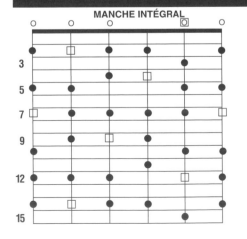

MOTIF UN

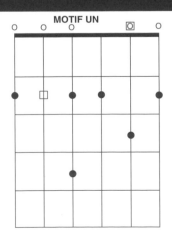

MOTIF DEUX

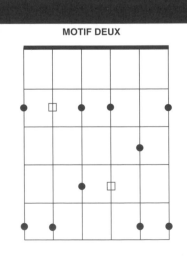

MOTIF TROIS

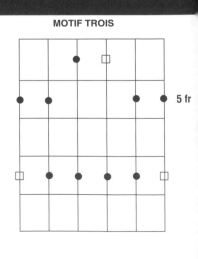

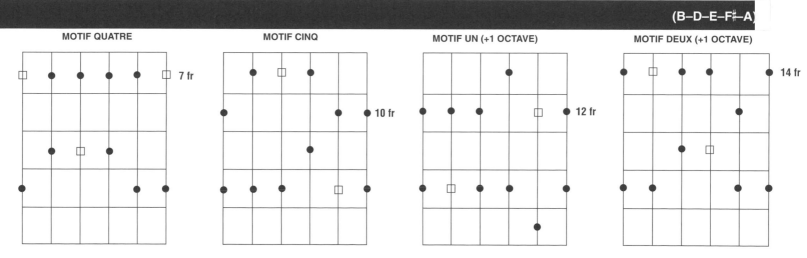

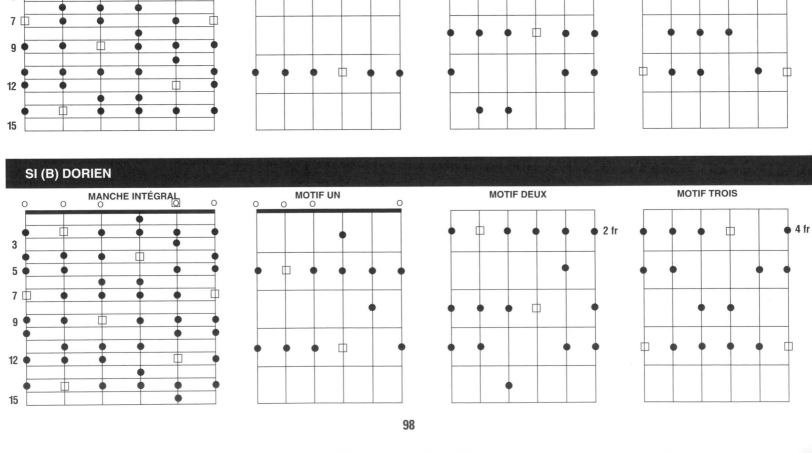

SI (B) BLUES

MANCHE INTÉGRAL | MOTIF UN | MOTIF DEUX | MOTIF TROIS

SI (B) MIXOBLUES

MANCHE INTÉGRAL | MOTIF UN | MOTIF DEUX | MOTIF TROIS

SI (B) MIXOLYDIEN

MANCHE INTÉGRAL | MOTIF UN | MOTIF DEUX | MOTIF TROIS

SI (B) DORIEN

MANCHE INTÉGRAL | MOTIF UN | MOTIF DEUX | MOTIF TROIS

(B–D–E–F–F♯–A)

MOTIF QUATRE	MOTIF CINQ	MOTIF SIX	MOTIF UN (+1 OCTAVE)

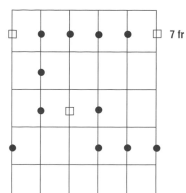 7 fr
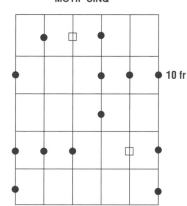 10 fr
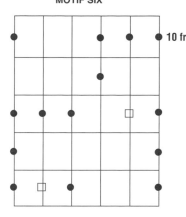 10 fr
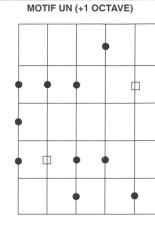 12 fr

(B–C♯–D–D♯–E–F–F♯–G♯–A)

MOTIF QUATRE	MOTIF CINQ	MOTIF SIX	MOTIF SEPT

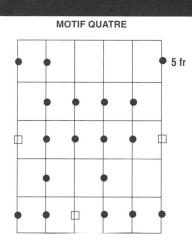 5 fr
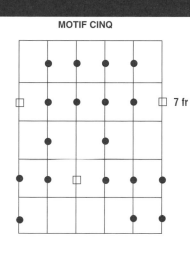 7 fr
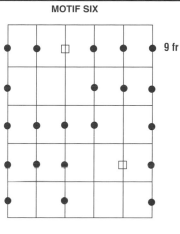 9 fr
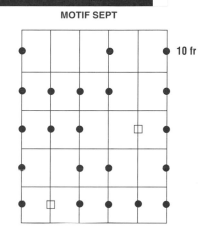 10 fr

(B–C♯–D♯–E–F♯–G♯–A)

MOTIF QUATRE	MOTIF CINQ	MOTIF SIX	MOTIF SEPT

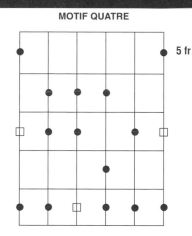 5 fr
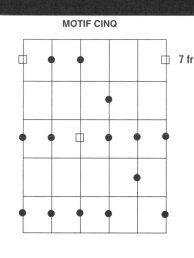 7 fr
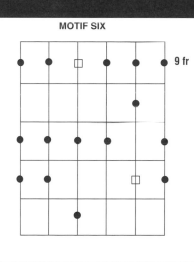 9 fr
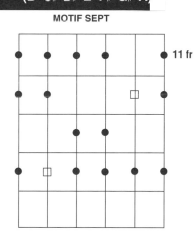 11 fr

(B–C♯–D–E–F♯–G♯–A)

MOTIF QUATRE	MOTIF CINQ	MOTIF SIX	MOTIF SEPT

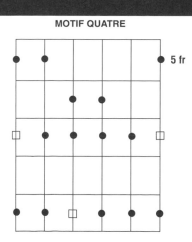 5 fr
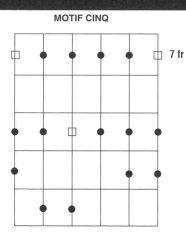 7 fr
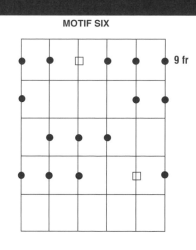 9 fr
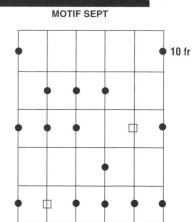 10 fr

SI (B) MINEURE MÉLODIQUE

MANCHE INTÉGRAL	MOTIF UN	MOTIF DEUX	MOTIF TROIS

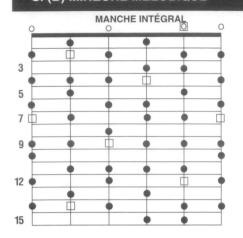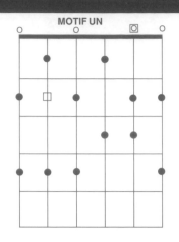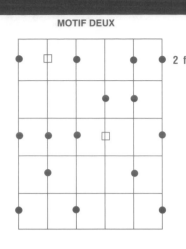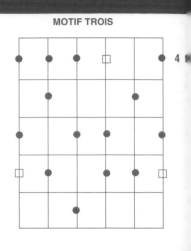

SI (B) MINEURE HARMONIQUE

MANCHE INTÉGRAL	MOTIF UN	MOTIF DEUX	MOTIF TROIS

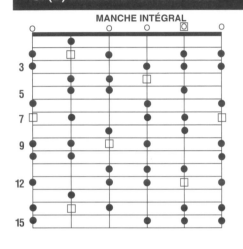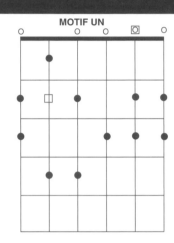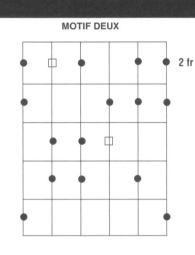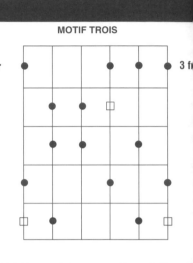

SI (B) PHRYGIEN

MANCHE INTÉGRAL	MOTIF UN	MOTIF DEUX	MOTIF TROIS

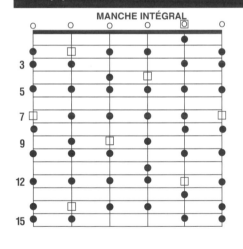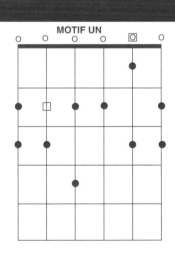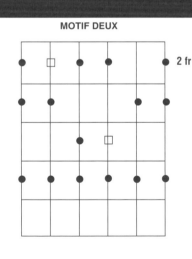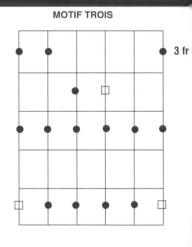

SI (B) LOCRIEN

MANCHE INTÉGRAL	MOTIF UN	MOTIF DEUX	MOTIF TROIS

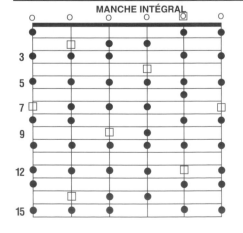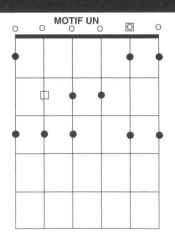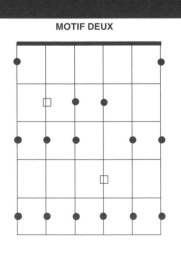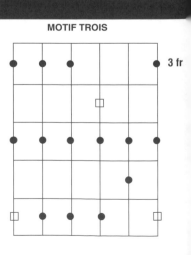

(B–C♯–D–E–F♯–G♯–A♯)

MOTIF QUATRE	MOTIF CINQ	MOTIF SIX	MOTIF SEPT

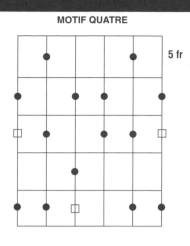 5 fr
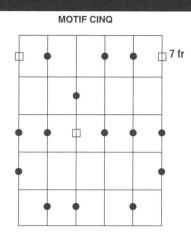 7 fr
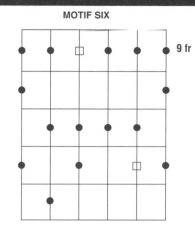 9 fr
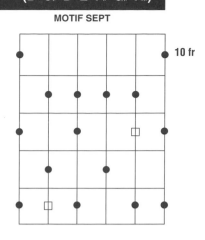 10 fr

(B–C♯–D–E–F♯–G–A♯)

MOTIF QUATRE	MOTIF CINQ	MOTIF SIX	MOTIF SEPT

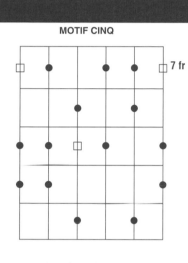 5 fr
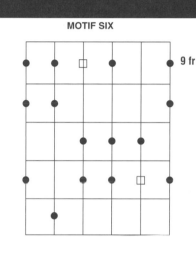 7 fr
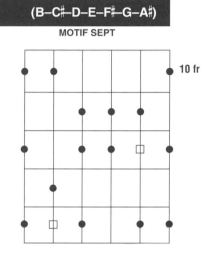 9 fr 10 fr

(B–C–D–E–F♯–G–A)

MOTIF QUATRE	MOTIF CINQ	MOTIF SIX	MOTIF SEPT

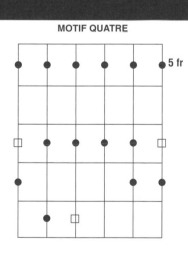 5 fr
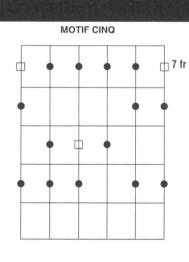 7 fr
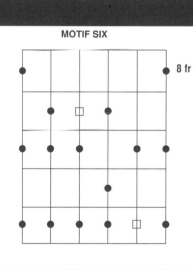 8 fr
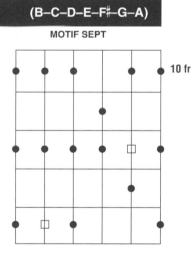 10 fr

(B–C–D–E–F–G–A)

MOTIF QUATRE	MOTIF CINQ	MOTIF SIX	MOTIF SEPT

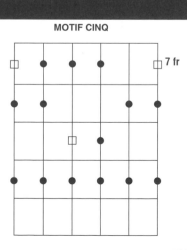 5 fr
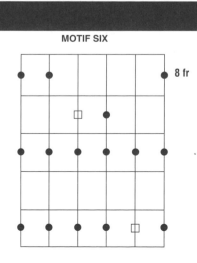 7 fr
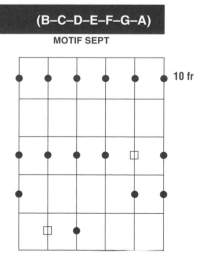 8 fr 10 fr

101

SI (B) LYDIEN

| MANCHE INTÉGRAL | MOTIF UN | MOTIF DEUX | MOTIF TROIS |

SI (B) DIMINUÉE (DEMI-TON/TON)

| MANCHE INTÉGRAL | MOTIF UN | MOTIF DEUX | MOTIF TROIS |

SI (B) DIMINUÉE (TON/DEMI-TON)

| MANCHE INTÉGRAL | MOTIF UN | MOTIF DEUX | MOTIF TROIS |

SI (B) CHROMATIQUE   (B–C–C♯–D–D♯–E–F–F♯–G–G♯–A–A♯)

| MANCHE INTÉGRAL | MOTIF UN ASCENDANT | MOTIF UN DESCENDANT | MOTIF DEUX |

(B–C#–D#–E#–F#–G#–A#)

MOTIF QUATRE
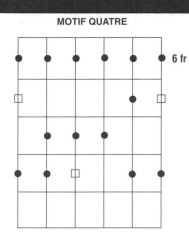 6 fr

MOTIF CINQ
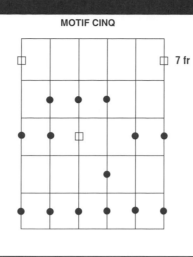 7 fr

MOTIF SIX
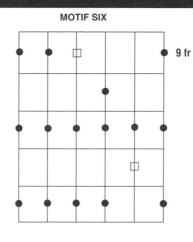 9 fr

MOTIF SEPT
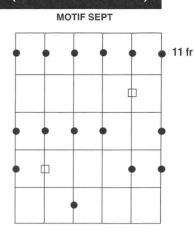 11 fr

(B–C–D–E♭–F–F#–G#–A)

MOTIF QUATRE
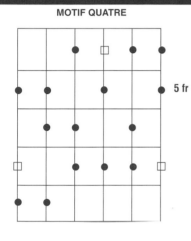 5 fr

MOTIF CINQ
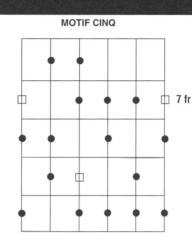 7 fr

MOTIF SIX
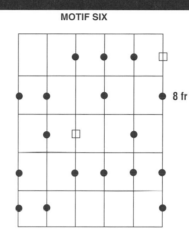 8 fr

MOTIF SEPT
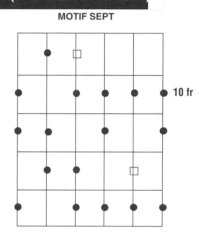 10 fr

(B–C#–D–E–F–F×–G#–A#)

MOTIF QUATRE
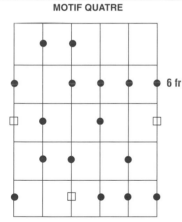 6 fr

MOTIF CINQ
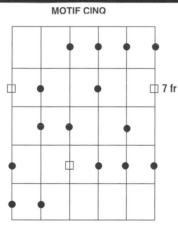 7 fr

MOTIF SIX
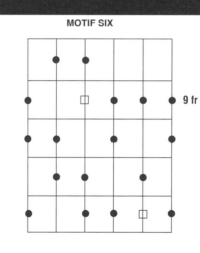 9 fr

MOTIF SEPT
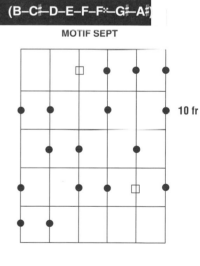 10 fr

SI (B) TONALE
(B–C#–D#–E#–F×–G×)

MANCHE INTÉGRAL
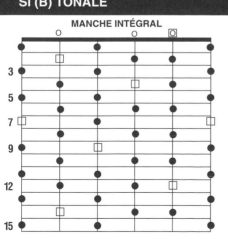

MOTIF UN
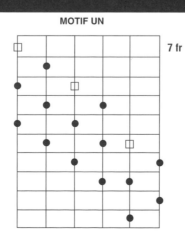 7 fr

MOTIF DEUX
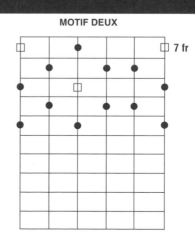 7 fr

MOTIF TROIS
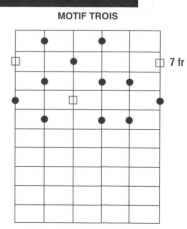 7 fr

103

COMMENT UTILISER CE GUIDE

Le *Répertoire de gammes instantané* est une méthode rapide et amusante pour accéder instantanément à plus de 1 300 motifs de gammes essentiels. Il vous suffit de chercher une gamme et vous trouverez facilement où et comment la jouer sur votre guitare.

Recherche de gamme

Pour trouver une gamme, commencez par déterminer la *note fondamentale* que vous recherchez (Do, Ré, Mi [C, D, E], etc.) puis le type ou la *qualité* de la gamme (majeure, mineure naturelle, etc.).

Notation des gammes
La notation des gammes (p. ex., Do-Ré-Mi-Fa-Sol-La-Si [C–D–E–F–G–A–B]) indique les notes de la gamme.

Diagramme du manche intégral
Le diagramme du manche intégral montre la gamme sur la totalité de la touche. Utilisez-le pour vous aider à relier les motifs ou à pratiquer l'improvisation des gammes sur une seule corde.

Motifs de touche
Les motifs de touche vous montrent comment jouer la gamme dans différentes positions le long du manche, de bas en haut. Chaque gamme peut compter jusqu'à sept motifs, chacun dans une position différente sur la touche.

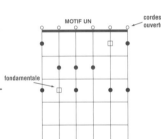
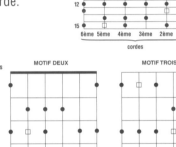

Exécution des motifs

En général, lorsque vous jouez un motif de gamme, maintenez la main dans une position et suivez la **règle « un doigt par case »**, c'est-à-dire le 1er doigt sur la 1ère frette, le 2ème doigt sur la 2ème frette, le 3ème doigt sur la 3ème frette et le 4ème doigt sur la 4ème frette. (Une ligne de **sillet** assombrie ou un **numéro de frette** vous montre où positionner la main sur la touche pour démarrer le motif.)

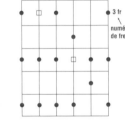

Toutefois, si une gamme recouvre plus de quatre frettes, il vous faudra modifier la règle « un doigt par case ». Pour jouer ces motifs, vous devez soit :

- **étirer** la main
  pour couvrir la largeur, soit
- **décaler** la main vers le haut (ou le bas)
  de la touche.

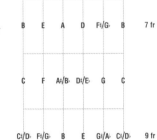

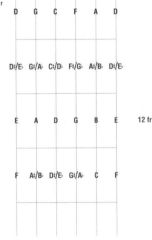

REMARQUE : de nombreuses notes de guitare peuvent être écrites de deux façons : avec une dièse *ou* un bémol (p. ex., Do (C)♯/Ré (D)♭, Ré (D)♯/Mi (E)♭, Fa (F)♯/Sol (G)♭, etc.). Ces notes sont appelées *équivalents enharmoniques*. Reportez-vous au tableau de touche de droite pour déterminer la notation enharmonique d'une gamme, ou pour mieux comprendre les notes formant un doigté donné.